ABÉCÉDAIRE MUSICAL

PRINCIPES ÉLÉMENTAIRES

A L'USAGE DES JEUNES ÉLÈVES.

Par Léopold AIMON.

CINQUIÈME ÉDITION

REVUE ET CORRIGÉE.

PRIX : 1 FR. NET.

PARIS

LIBRAIRIE MUSICALE DE E. DUVERGER.
RUE SAINTE-ANNE, N° 34.

IMPRIMÉ PAR LES PROCÉDÉS DE E. DUVERGER,
rue de Verneuil, n° 4.

1843

AVANT-PROPOS

DE LA PREMIERE EDITION.

———

Beaucoup de méthodes, traités, solféges pour l'en-
seignement de la musique ont été successivement
publiés. Aucun ne nous a paru réunir les conditions
nécessaires pour faciliter aux enfants l'étude de cet
art enchanteur et leur servir d'A B C musical. Notre
Abécédaire remplit cette lacune ; nous en avons soi-
gneusement élagué toutes les questions abstraites,
tous les incidents qui entravent l'instruction du jeune
âge. Le mode de procéder par demande et réponse

nous a semblé d'autant plus convenable que les parents, sans être musiciens, pourront faire les fonctions de répétiteur. L'enfant interrogé répond aisément ; s'il est obligé d'établir lui-même un raisonnement, il cherche souvent en vain, fatigue sa jeune imagination et finit par éprouver un dégoût qui paralyse ses progrès. Différant, sous ce rapport, du système de quelques auteurs élémentaires très estimables d'ailleurs, nous pensons qu'il ne peut s'appliquer qu'à des élèves déjà formés. Heureux si nos intentions, réduisant un commencement toujours aride à sa plus simple expression, peuvent aplanir quelques difficultés et atteindre le but que nous nous proposons !

Nous avons trouvé dans les procédés d'impression musicale par les caractères mobiles de M. E. Duverger une facilité remarquable d'unir au texte les exemples de musique, et cette nouvelle invention nous permet de livrer cet ouvrage à un prix que l'on ne pourrait obtenir par les procédés ordinaires.

ABÉCEDAIRE MUSICAL.

DES CLEFS.

Clef de Sol.   Clef de Fa.   Clef d'Ut.

DES NOTES.

    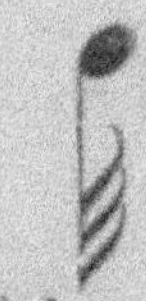

Ronde. Blanche. Noire. Croche. Double croch. Triple croch.

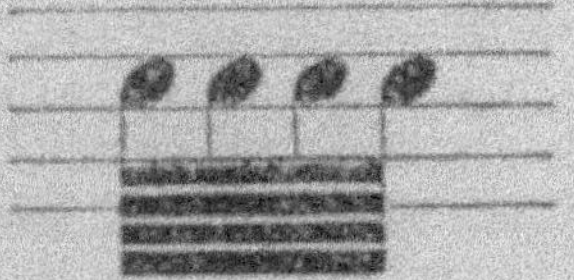

Quadruples Croches.

DES SILENCES.

  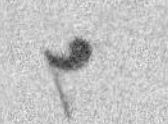  

Pause.   1/2 Pause. Soupir.   1/2 Soupir. 1/4 de Soupir.

DES SIGNES ALTÉRATIFS.

Dièze.   Bémol.   Bécarre.   Double bémol.

ABÉCÉDAIRE
MUSICAL.

CHAPITRE I.

De la manière d'écrire la musique.

D. Comment écrit-on la musique?

R. On l'écrit sur cinq lignes.

Exemple :

D. Quelle est la première ligne ?

R. C'est celle d'en bas.

Exemple :

CHAPITRE II.

Des clefs.

D. Combien y a-t-il de clefs dans la musique?

R. Il y en a trois.

D. Comment les nomme-t-on ?

R. Clef de *sol*, clef d'*ut*, clef de *fa*.

Exemple :

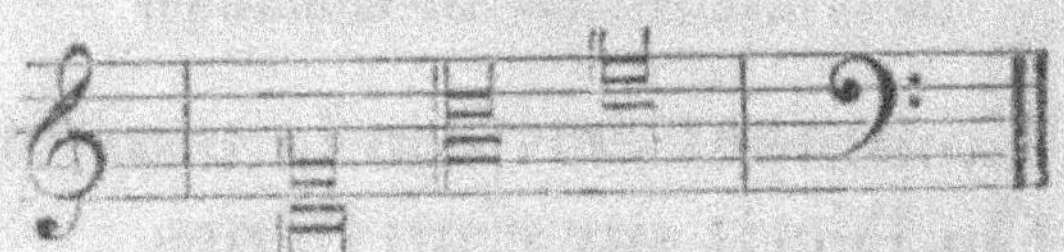

D. Comment pose-t-on la clef de *sol* ?

R. Sur la seconde ligne.

Exemple :

D. Pourquoi l'appelle-t-on clef de *sol* sur la seconde ligne ?

R. Parce que sur cette clef le *sol* se trouve placé sur la seconde ligne.

D. Ne pose-t-on pas aussi la clef de *sol* sur la première ligne ?

R. Oui ; mais elle n'est plus usitée.

D. Comment pose-t-on la clef d'*ut* ?

R. La clef d'*ut* se pose sur les première troisième, et quatrième lignes.

Exemple :

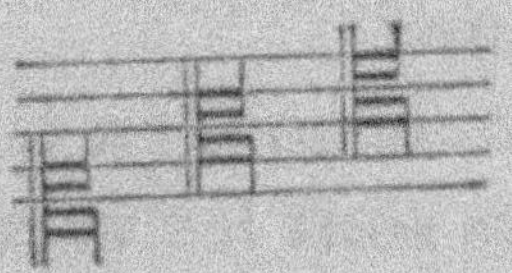

D. Pourquoi l'appelle-t-on clef d'*ut*
première, troisième et quatrième lignes ?

R. Parce que la note se trouve successivement placée sur les première, troisième et quatrième lignes.

D. La clef d'*ut* ne se pose-t-elle pas
aussi sur la deuxième ligne ?

R. Oui ; mais elle n'est plus usitée.

D. Comment pose-t-on la clef de *fa* ?

R. Sur la quatrième ligne.

Exemple :

D. Pourquoi l'appelle-t-on clef de *fa*
sur la quatrième ligne ?

R. Parce que les deux points qu'on place immédiatement après embrassent la quatrième ligne.

D. Ne la pose-t-on pas aussi sur la troisième ligne?

R. Oui; mais on n'en fait plus usage.

D. Quelles sont les voix qui chantent sur les différentes clefs?

R. Les dessus chantent sur la clef de *sol* et celle d'*ut* première ligne; les hautes-contre ou altos sur la clef d'*ut* troisième ligne; les tailles ou ténors sur la clef d'*ut* quatrième ligne, et les basses enfin sur la clef de *fa*.

CHAPITRE III.

Des valeurs.

D. Quelles sont les différentes valeurs qui composent la musique?

R. Ce sont les *rondes*, *blanches*, *noires*, *croches*, *doubles croches*, *triples croches* et *quadruples croches*.

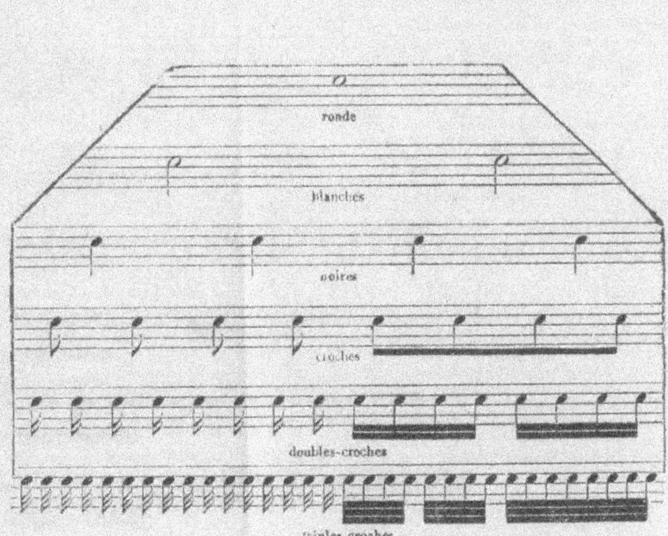
ronde
blanches
noires
croches
doubles-croches
triples croches

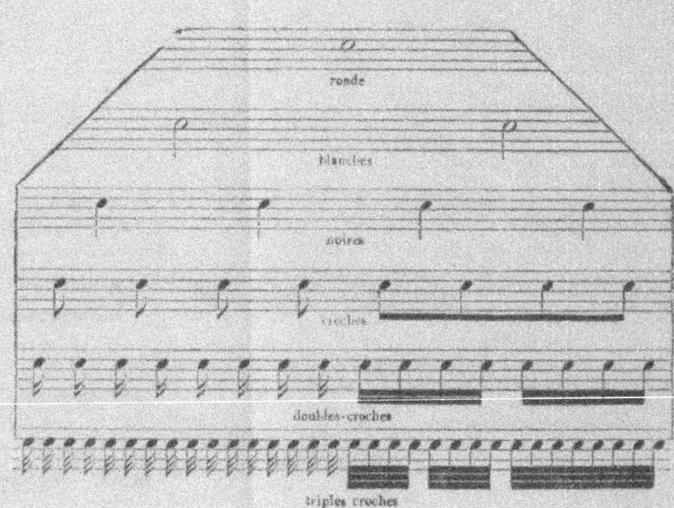

ronde
blanches
noires
croches
doubles-croches
triples croches

Exemple :

D. Quelles sont les différentes valeurs de ces notes?

R. La ronde vaut quatre temps; la blanche, deux; la noire, un; la croche, un demi; la double croche, un quart; la triple croche, un demi-quart ou huitième, et la quadruple enfin, un seizième

(*v. Planche I.*)

CHAPITRE IV.

Des silences.

D. Y a-t-il des silences dans la musique?

R. Oui.

D. Comment les nomme-t-on?

R. Pause, demi-pause, soupir, demi-soupir, quart de soupir, demi-quart ou huitième de soupir.

Exemple :

pause	demi-pause	soupir	demi-soupir	quart de soupir	demi-quart *ou* 8ᵉ de soupir

D. Quelle est la valeur de ces différents silences?

R. La pause est le silence d'une ronde; la demi-pause, d'une blanche; le soupir, d'une noire; le demi-soupir, d'une croche; le quart de soupir, d'une double croche; le demi-quart ou huitième de soupir, d'une triple croche.

Exemple :

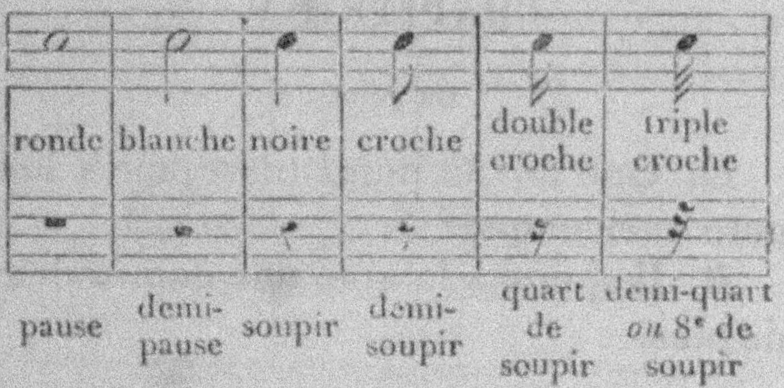

D. Quand on veut qu'un silence soit de plusieurs mesures, comment le marque-t-on?

R. On le marque par des bâtons de deux ou quatre pauses; et si le silence est plus long, on les multiplie et l'on met le chiffre dessus.

Exemple :

8   10   11   13

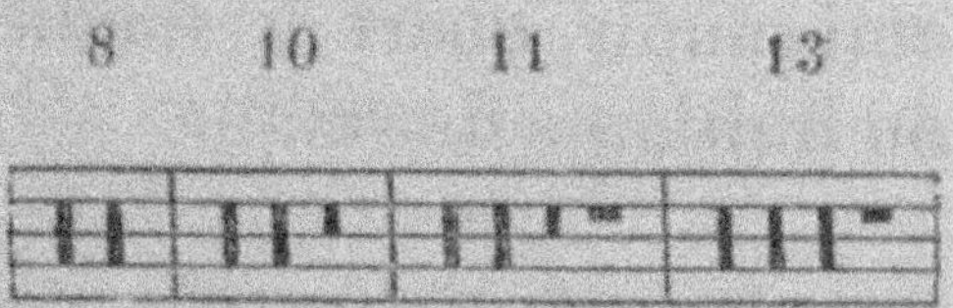

CHAPITRE V.

Du point.

D. Que fait le point placé après une note quelconque?

R. Il ajoute à la note une demi-valeur de plus.

Exemple :

D. Le point s'emploie-t-il après les pauses?

R. Non, il n'est usité qu'après le soupir, demi-soupir, quart de soupir, demi-quart ou huitième de soupir.

Exemple :

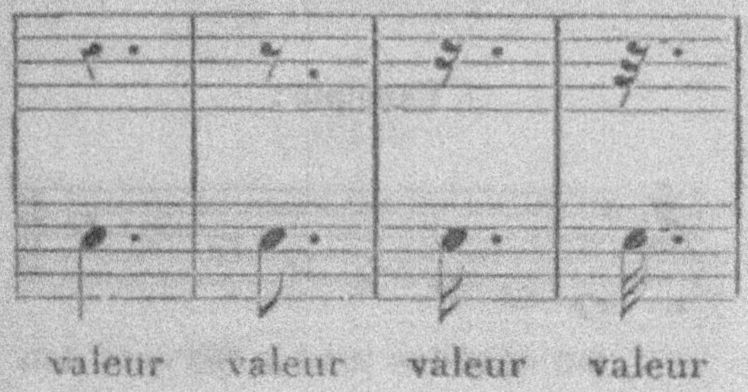

CHAPITRE VI.

De la connaisance des notes et de la gamme
majeure.

D. Toutes les gammes majeures sont-
elles uniformes ?

R. Oui.

D. Doivent-elles se rapporter toutes à
celle d'*ut* majeur ?

R. Oui.

D. De combien de notes se compose
la gamme ?

R. De sept, et de huit en y joignant
l'octave.

D. Comment les nomme-t-on ?

R. Ut, ré, mi, fa, sol, la, si, ut.

Exemple :

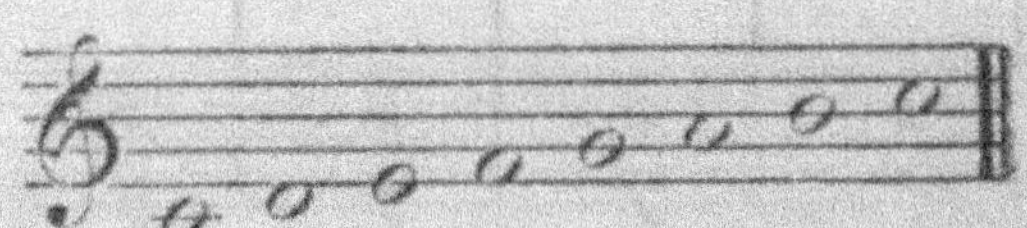

D. Combien ces huit notes font-elles de tons ?

R. Cinq tons et deux demi-tons.

D. Où doivent se trouver les deux demi-tons dans les gammes majeures ?

R. De la troisième à la quatrième note, et de la septième à la huitième.

Exemple :

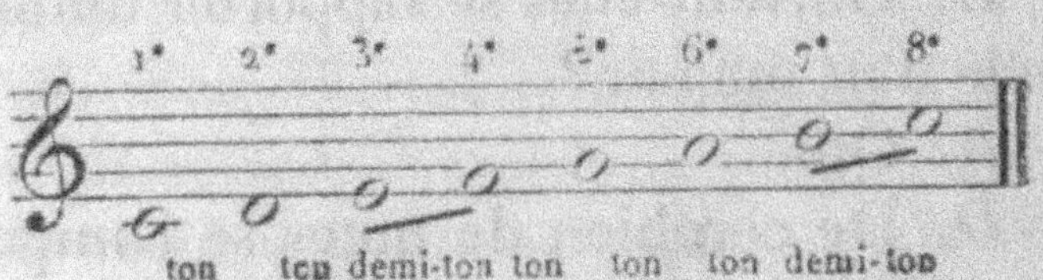

D. Les demi-tons sont-ils placés de même dans les gammes mineures ?

R. Non; ils se trouvent de la deuxième à la troisième note, et de la septième à la huitième.

Exemple :

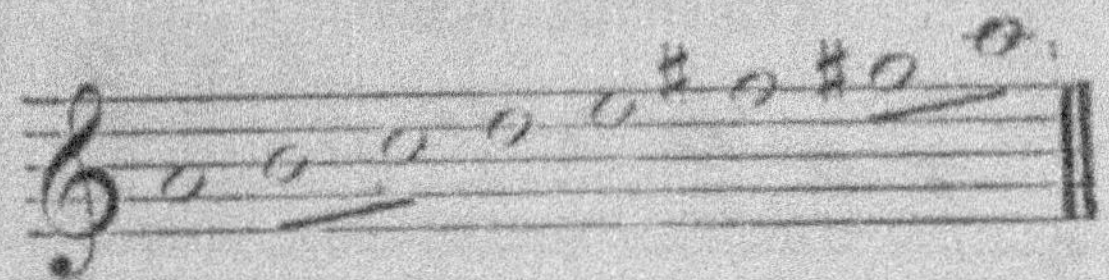

D. N'existe-t-il point de notes plus hautes ou plus basses que celles qui composent les deux gammes précédentes ?

R. Quand on veut descendre au-dessous de la première octave ou monter aux seconde ou troisième octaves, on se sert de lignes additionnelles.

Exemple :

dessous de la première octave

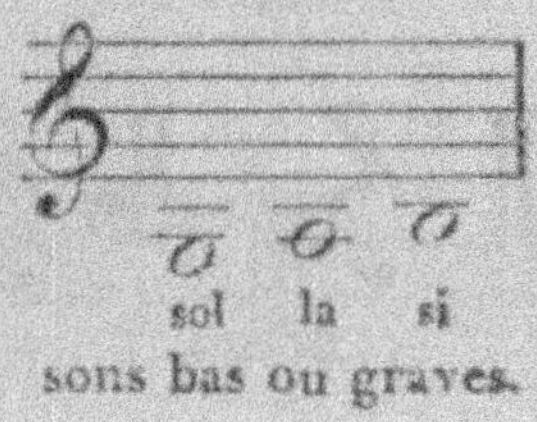

Deuxième octave :

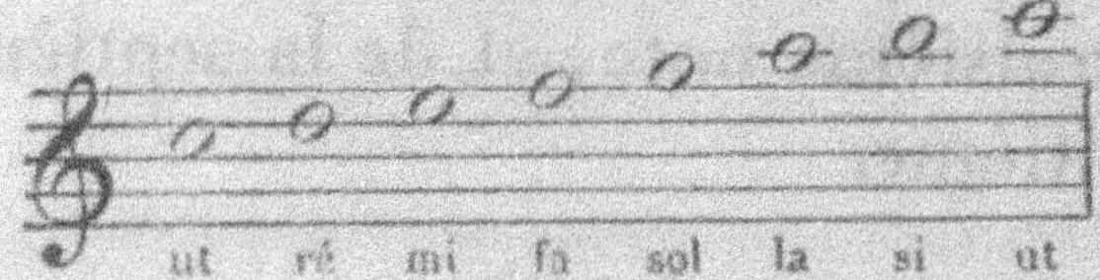

Troisième octave.

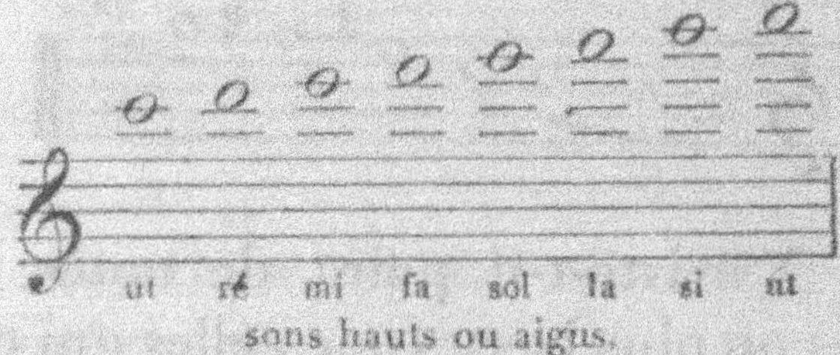

sons hauts ou aigus.

CHAPITRE VII.

Des signes.

D. Combien y a-t-il de signes acci-
dentels dans la musique?

R. Trois : le dièze, le bémol et le bécarre.

Exemple :

D. Quel est l'effet du dièze, du bémol et du bécarre?

R. Le dièze augmente la note d'un demi-ton, le bémol la diminue d'un demi-ton, et le bécarre la remet dans son ton naturel.

Exemple :

La même note augmentée d'un demi-ton par l'effet du dièze.

La même note baissée d'un demi-ton par l'effet du bémol.

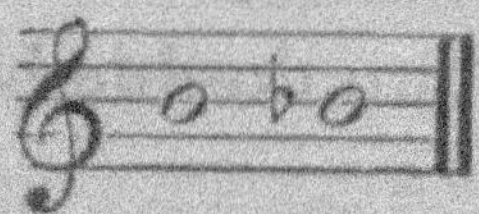

Les mêmes notes dans leur ton naturel par l'effet du bécarre.

CHAPITRE VIII.

Des doubles dièzes et doubles bémols.

D. Quand on veut augmenter d'un demi-ton une note déjà diézée, quel moyen emploie-t-on ?

R. On emploie le double dièze.

Exemple :

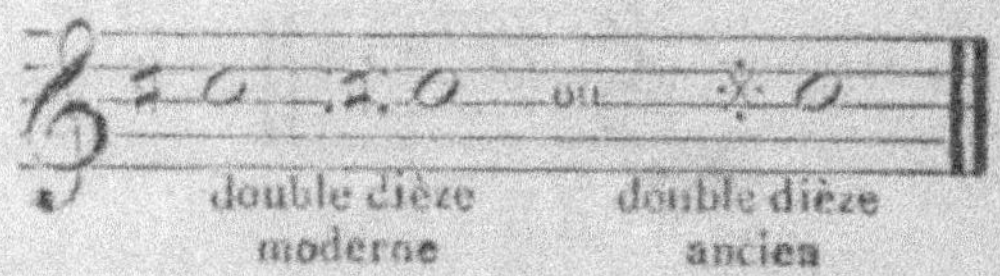

double dièze   double dièze
moderne   ancien

D. Que fait-on pour diminuer une note déjà bémolisée ?

R. On met un double bémol.

Exemple :

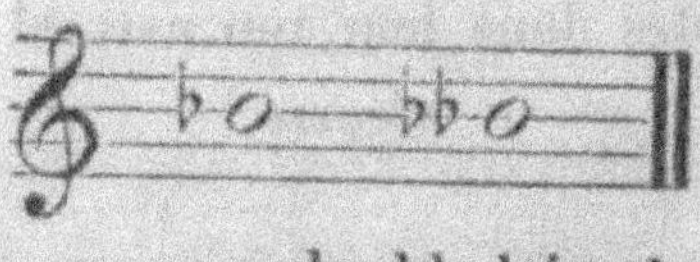

double bémol

D. Mais dans l'exemple ci-dessus, où

vous avez un *ut* double dièze, le *ré* naturel ne ferait-il pas le même effet?

R. Le *ré* naturel produirait le même son, mais ce serait une faute.

D. Pourquoi?

R. Parce que les gammes majeures ou mineures sont toujours composées de huit notes différentes, excepté l'octave, qui est la répétition de la première, et vous auriez alors deux notes qui porteraient le même nom en n'employant pas le double dièze.

Exemple :

ré ♯ mineur

Gamme incomplète en employant le *ré* bécarre pour l'*ut* double dièze.

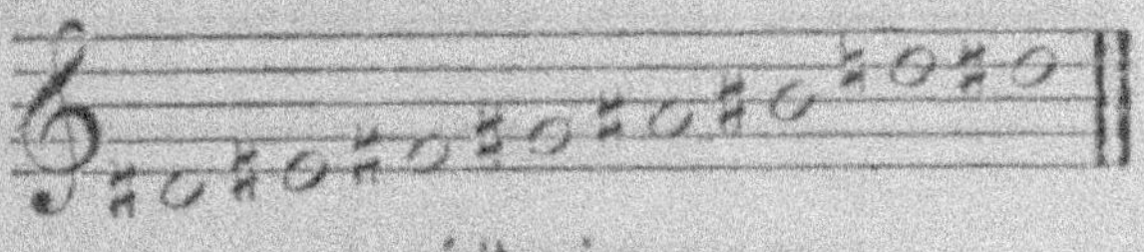

ré ♯ mineur.

Gamme complète en employant l'*ut* double dièze.

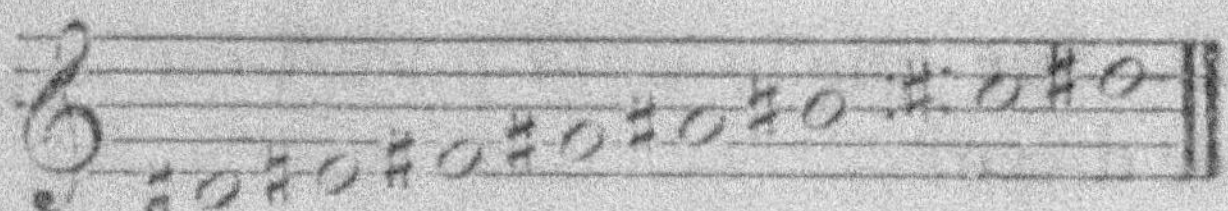

D. Pourquoi emploie-t-on les doubles bémols?

R. Par la même raison qu'on emploie les doubles dièzes, et qu'un *la* bécarre n'est pas un *si* double bémol.

Exemple :

sol ♮ mineur.

Gamme incomplète en employant le *la* bécarre pour le *si* double bémol.

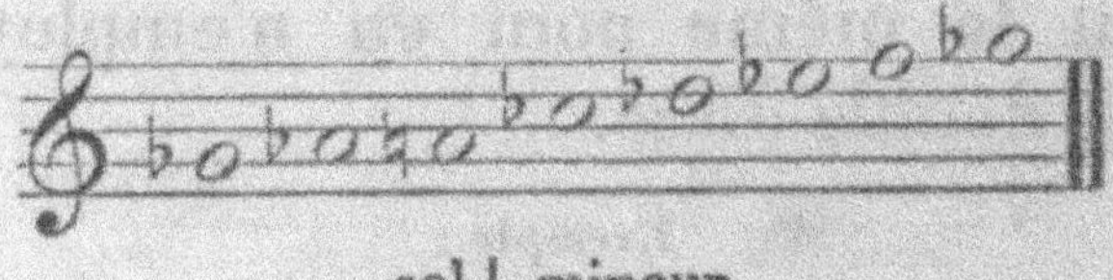

sol ♮ mineur.

Gamme complète en employant le *si* double bémol.

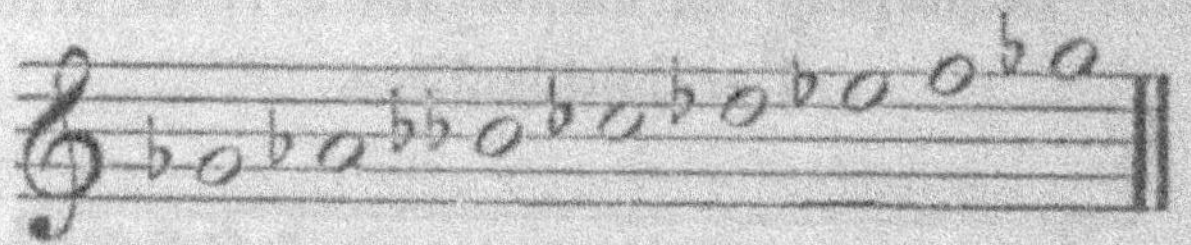

CHAPITRE IX.

De la position des dièzes et bémols.

D. Sur quelle note pose-t-on le premier dièze?

R. Sur le *fa*.

D. Le second?

R. Sur l'*ut*.

D. Le troisième?

R. Sur le *sol*.

D. Le quatrième?

R. Sur le *ré*.

D. Le cinquième?

R. Sur le *la*.

D. Le sixième?

R. Sur le *mi*.

D. Le septième?

R. Sur le *si*.

D. Sur quelle note pose-t-on le premier bémol?

R. Sur le *si*.

D. Le second?

R. Sur le *mi*.

D. Le troisième?

R. Sur le *la*.

D. Le quatrième?

R. Sur le *ré*.

D. Le cinquième?

R. Sur le *sol*.

D. Le sixième?

R. Sur l'*ut*.

D. Le septième?

R. Sur le *fa*.

D. Comment fait-on pour connaître le mode majeur avec des dièzes?

R. Il faut monter une note au-dessus du dernier dièze posé à la clef.

Exemple :

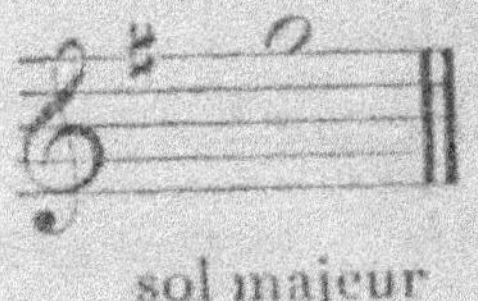

sol majeur

D. Comment peut-on connaître le mode mineur avec des dièzes?

R. Il faut descendre une note au-dessous du dièze posé à la clef.

Exemple :

mi mineur

D. Avec le même nombre de dièzes vous pouvez donc être dans un ton majeur ou mineur?

R. Oui, puisque chaque ton majeur a un mineur relatif, ce qui fait qu'avec les mêmes dièzes on peut se trouver dans l'un ou l'autre ton.

Exemple :

D. En quel ton êtes-vous, quand il n'y a aucun signe à la clef?

R. En *ut* majeur ou *la* mineur.

Exemple :

D. En quel ton avec un dièze?
R. En *sol* majeur ou *mi* mineur.

Exemple :

sol majeur   mi mineur

D. Avec deux dièzes?

R. En *ré* majeur ou *si* mineur.

Exemple :

ré majeur   si mineur

D. Avec trois dièzes?

R. En *la* majeur ou *fa* mineur.

Exemple :

la majeur   fa mineur

D. Avec quatre dièzes?

R. En *mi* majeur ou en *ut* mineur.

Exemple :

D. Avec cinq dièzes ?
R. En *si* majeur ou en *sol* mineur ?

Exemple :

D. Avec six dièzes ?
R. En *fa* majeur ou en *ré* mineur.

Exemple :

D. Avec sept dièzes ?
R. En *ut* majeur ou *la* mineur.

Exemple :

CHAPITRE X.

De l'influence des dièzes sur les tons.

D. Pourquoi faut-il un dièze dans le ton de *sol* majeur, deux dans le ton de *ré*, trois dans le ton de *la*, quatre dans le ton de *mi*, etc.?

R. Comme les gammes majeures sont composées de cinq tons et deux demi-tons, et que les deux demi-tons se trouvent toujours de la troisième à la quatrième note et de la septième à la huitième, il faut nécessairement, en commençant la gamme par la note *sol*, un *fa* dièze pour le demi-ton de la septième à la huitième.

Exemple :

Par la même raison, il faut deux dièzes dans le ton de *ré* majeur, trois dans celui de *la* majeur, quatre dans celui de *mi* majeur, etc.

Exemple :

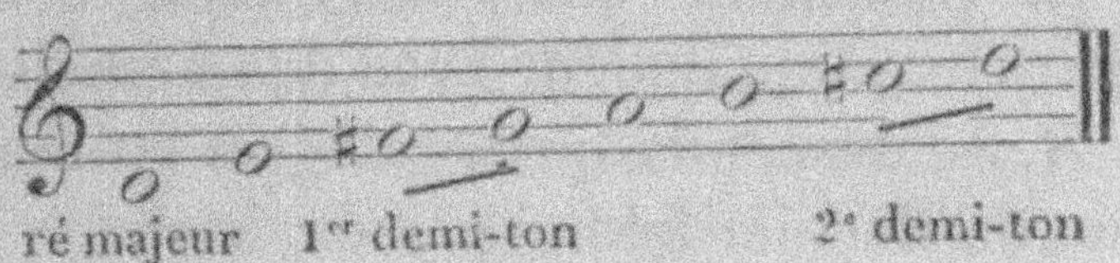

Exemple :

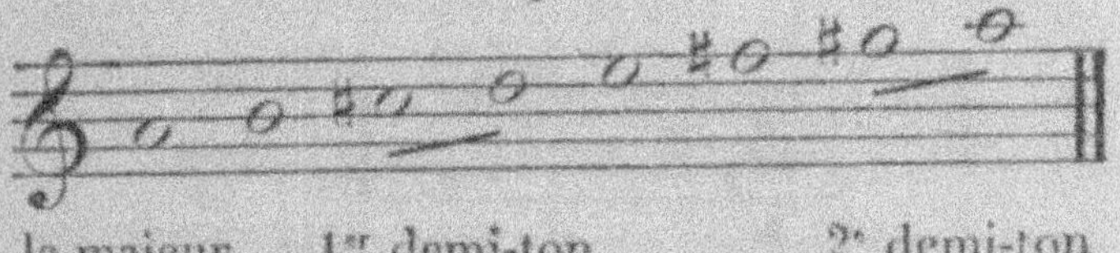

Exemple :

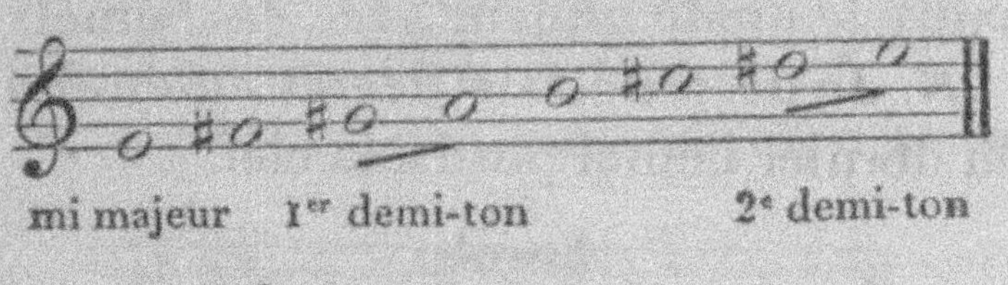

et ainsi des autres.

CHAPITRE XI.

De l'influence sur les bémols.

D. Comment faites-vous pour connaître le mode majeur avec des bémols?

R. Je descends quatre degrés au-dessous du dernier bémol placé à la clef.

Exemple :

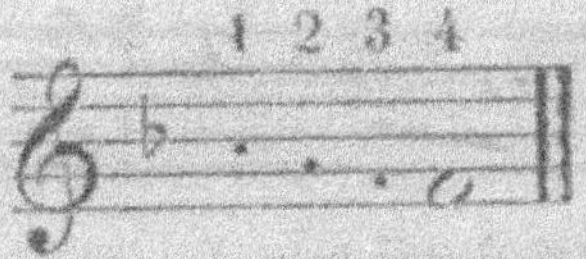

D. Comment faites-vous pour connaître le mode mineur avec des bémols?

R. Je descends six degrés au-dessous du dernier bémol posé à la clef.

Exemple:

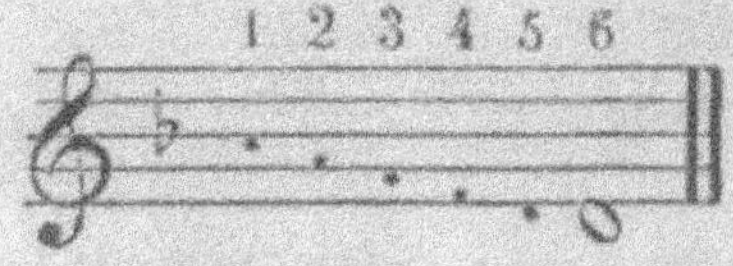

D. Avec le même nombre de bémols, peut-on être dans un ton majeur ou mineur?

R. Ainsi qu'avec des dièzes. Chaque mode majeur avec des bémols a un mineur relatif.

D. En quel ton êtes-vous avec un bémol à la clef?

R. En *fa* majeur, ou en *ré* mineur.

Exemple :

D. Avec deux bémols?

R. En *si* majeur, ou en *sol* mineur.

Exemple :

D. Avec trois bémols?

R.   En *mi* majeur, ou en *ut* mineur.

Exemple :

D. Avec quatre bémols ?

R.   En *la* majeur, ou en *fa* mineur.

Exemple :

D. Avec cinq bémols ?

R. En *ré* bémol majeur, ou en *si* bémol mineur.

Exemple :

D. Avec six bémols?

R. En *sol* bémol majeur, ou *mi* bémol mineur.

Exemple :

D. Avec sept bémols?

R. En *ut* bémol majeur, ou *la* bémol mineur.

Exemple :

Autre manière de connaître le ton.

D. N'y a-t-il pas une autre manière de connaître quel est le ton majeur ou mineur?

R. On peut aussi le connaître par le

2.

septième degré de la gamme qu'on appelle note sensible. Par exemple, si vous
avez un dièze à la clef et que vous rencon-
triez le *ré* dièze accidentel (on nomme
ainsi tout dièze qui n'est pas porté à la
clef), vous êtes en *mi* mineur et non en
sol majeur.

Exemple :

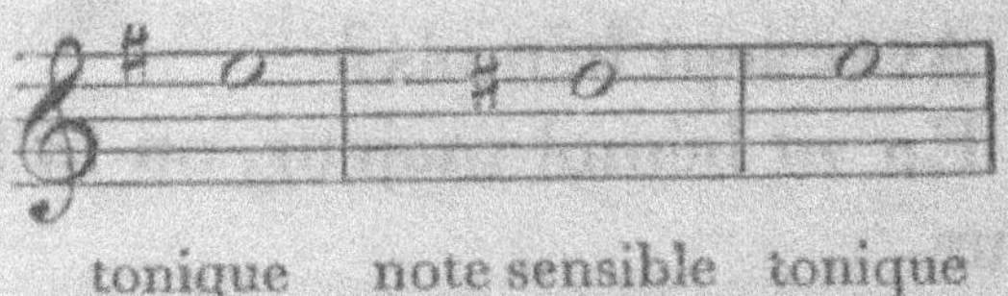

tonique   note sensible   tonique

Avec trois bémols à la clef, si vous trouvez le *si* bécarre, vous êtes en *ut* mineur
et non en *mi* bémol majeur.

Exemple:

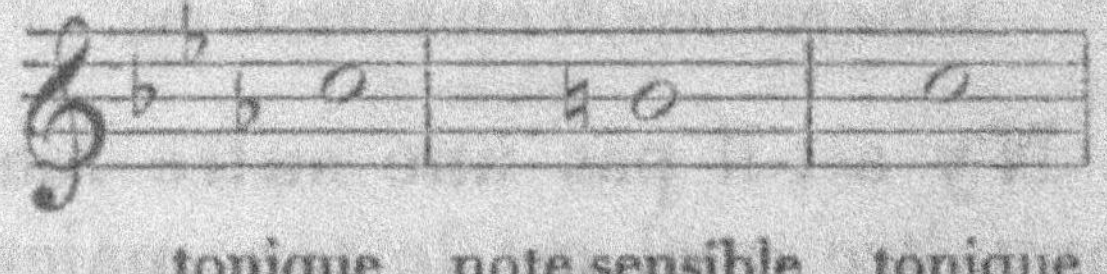

tonique   note sensible   tonique

D. Pourquoi cette dénomination de

tonique et de note sensible qui sont dans les exemples précédents?

R. Les huit notes de la gamme se nomment: 1er, 2e, 3e, 4e, 5e, 6e, 7e, et 8e degrés, mais il y en a trois qui ont cependant une dénomination qui leur est propre: le premier degré se nomme tonique, le cinquième dominante, et le septième sensible.

Exemple :

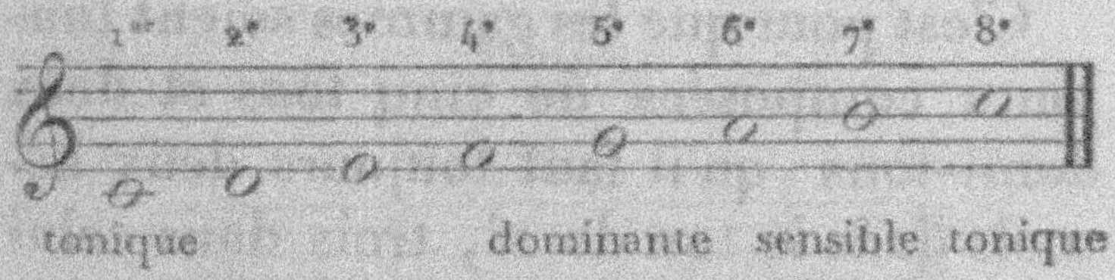

~~~~~~

CHAPITRE XII.

De l'influence des bémols sur le ton.

D. Pourquoi faut-il un bémol dans le ton de *fa*, deux dans celui de *si*, et trois dans celui de *mi?*
~~~~~~

R. La gamme commençant en *fa* par la note *fa*, le premier demi-ton, si le *si* restait naturel, ne s'y trouverait plus, puisque, de *la* à *si* naturel ou bécarre, il y a un ton; il faut donc un bémol sur le *si* dans le ton de *fa* majeur.

Exemple :

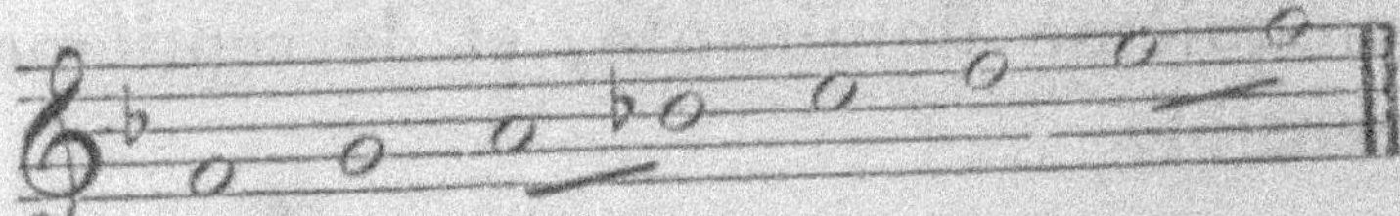

fa majeur   1er demi-ton   2e demi-ton

C'est pour que les gammes soient toujours composées de cinq tons et deux demi-tons qu'il faut toujours deux bémols dans le ton de *si*, trois dans celui de *mi* bémol majeur, etc.

Exemple :

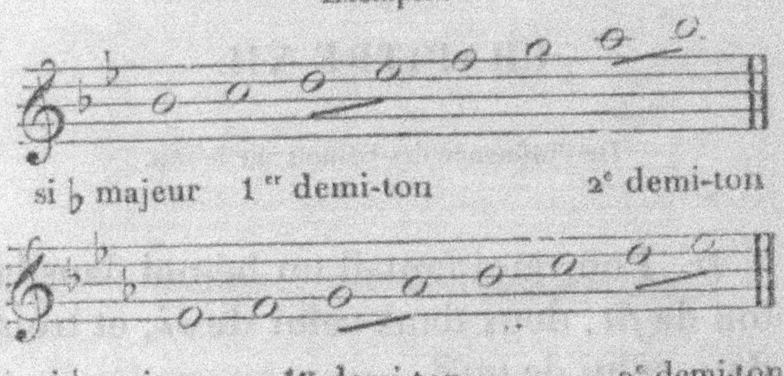

CHAPITRE XIII.

Noms des gammes.

D. Comment se nomme la gamme dont les degrés se suivent en montant ou descendant?

R. Gamme diatonique.

Exemple :

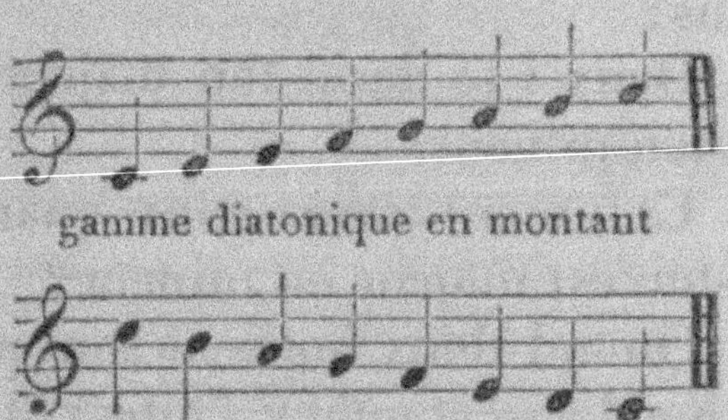

gamme diatonique en montant

gamme diatonique en descendant.

D. Comment appelez-vous une gamme montante ou descendante par demi-tons avec des dièzes ou des bémols ?

R. Gamme chromatique.

Exemples :

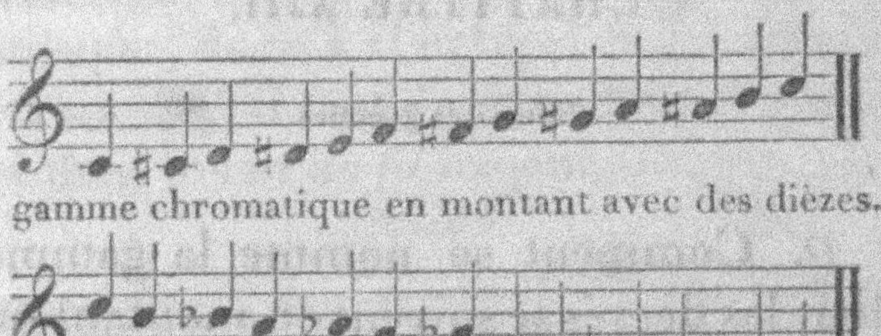

gamme chromatique en montant avec des dièzes.

gamme chromatique en descendant avec des
bémols.

D. Combien y a-t-il d'espèces de demi-tons ?

R. Deux : le demi-ton majeur et le
demi-ton mineur.

D. Comment savez-vous quand un
demi-ton est majeur ou mineur ?

R. Quand deux notes ne sont pas sur
le même degré et qu'il y a intervalle d'un
demi-ton de l'une à l'autre, le demi-ton
est majeur.

Exemple :

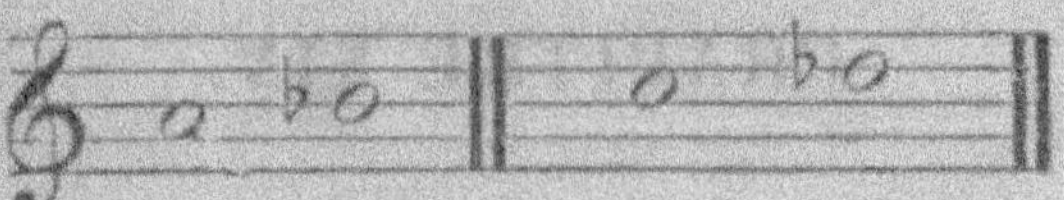

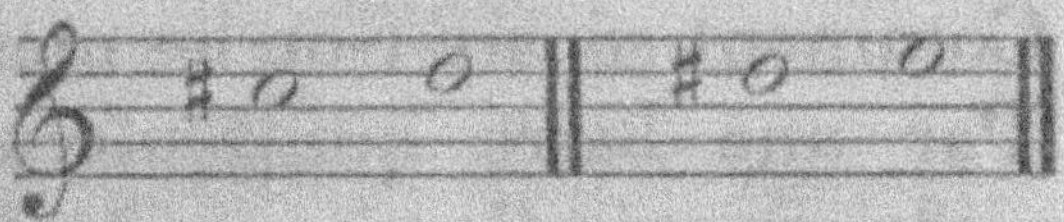

Quand deux notes sont sur le même degré et qu'il y en a une de diézée ou bémolisée, le demi-ton est mineur.

Exemple :

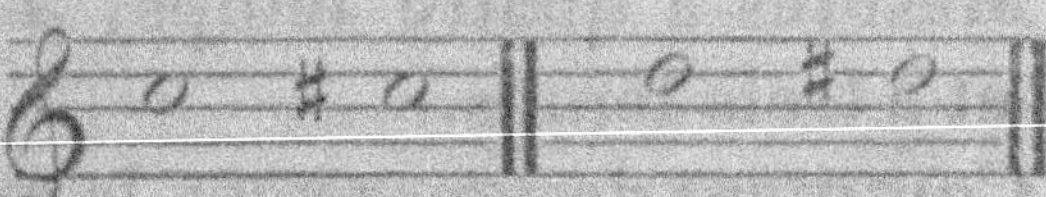

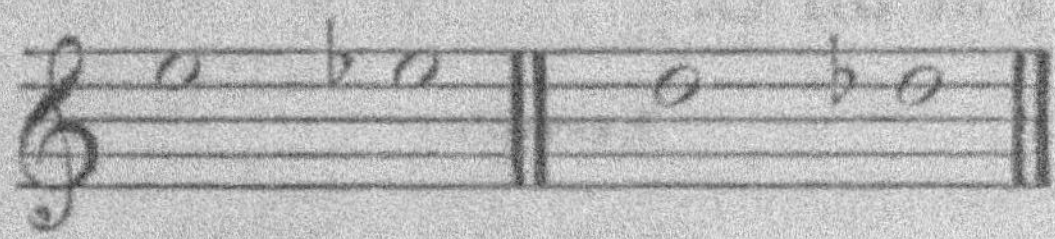

CHAPITRE XIV.

Des mesures.

D. Comment sépare-t-on les mesures?

R. Par une barre qui renferme le nombre de notes indiquées par le chiffre qui détermine la mesure.

D. Combien y a-t-il de mesures régulières ?

R. Trois.

D. Comment les nommez-vous?

R. Mesures à quatre temps, à deux temps et à trois temps.

D. Comment désignez-vous la mesure à quatre temps ?

R. Par un C.

Exemple :

mesure à quatre temps.

D. La mesure à deux temps?

R. Par un 𝄵 barré, ou un **2**, ou un 2 avec un 4 dessous.

Exemple :

mesure à deux temps.

D. La mesure à trois temps?

R. Par un 3 , ou par un 3 avec un 4 dessous.

Exemple :

mesure à trois temps.

D. Quelle est la manière de battre ces différentes mesures?

R. La mesure à quatre temps se bat ainsi :

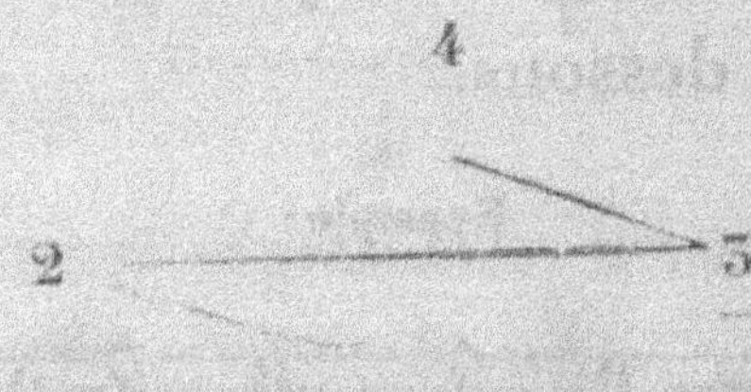

La mesure à deux temps ainsi :

La mesure à trois temps ainsi :

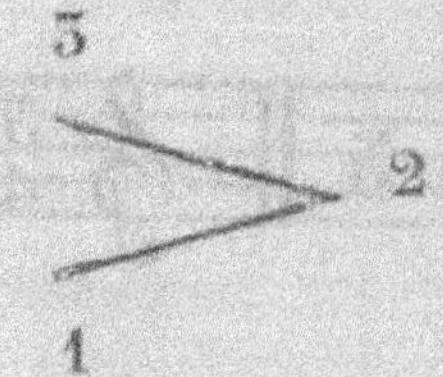

D. Combien y a-t-il de mesures irrégulières ?

R. Trois.

D. Comment les nommez-vous ?

R. Les mesures à douze-huit, six-huit
et trois-huit.

D. Comment désignez-vous la mesure
à douze-huit ?

R. Par le chiffre 12 avec un 8 dessous.

D. La mesure à six-huit ?

R. Par le chiffre 6 avec un 8 dessous.

D. Et la mesure à trois-huit ?

R. Par le chiffre 3 avec un 8 dessous.

Exemple :

douze-huit   six-huit   trois-huit

D. Quelle est la manière de les battre ?

R. La mesure à douze-huit se bat à
quatre temps ;

Celle à six-huit, à deux temps ;

Enfin celle à trois-huit, à trois temps.

D. Pourquoi les mesures de $\frac{12}{8}$, $\frac{6}{8}$ et $\frac{3}{8}$
sont-elles irrégulières ?

R. Dans les mesures régulières il faut

une noire pour chaque temps, et dans les
irrégulières il faut une noire pointée, ou
une noire et une croche, ou trois croches
pour chaque temps.

Exemple:

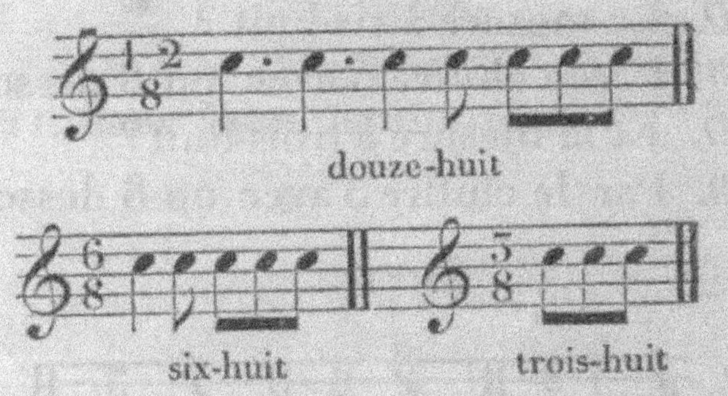

D. Pourquoi y a-t-il des mesures mar-
quées par deux chiffres?

R. Pour indiquer les différentes valeurs. Le chiffre supérieur désigne le
nombre, et l'inférieur la quantité de notes. Le chiffre 4 en dessous représente les
noires, le chiffre 8 en dessous représente
les croches.

Exemple :

D. Ne rencontre-t-on pas, dans les mesures à quatre, à trois et à deux temps, des notes qu'on passe de trois en trois ?

R. Ces notes se nomment des triolets ; il en faut trois pour chaque temps ; ils produisent le même effet que les croches dans la mesure à $\frac{12}{8}$ et à $\frac{8}{6}$: on met ordinairement le chiffre 3 au-dessus.

Exemple :

Triolets. Mesure à quatre temps.

Triolets. Mesure à deux temps.

CHAPITRE XV.

Des degrés.

D. Lorsque dans un morceau de musique vous trouvez des notes qui se sui-

vent, comme dans une gamme, quel nom leur donnez-vous?

R. On les appelle des degrés conjoints.

D. Pourquoi?

R. Parce qu'ils se suivent sans interruption.

Exemple :

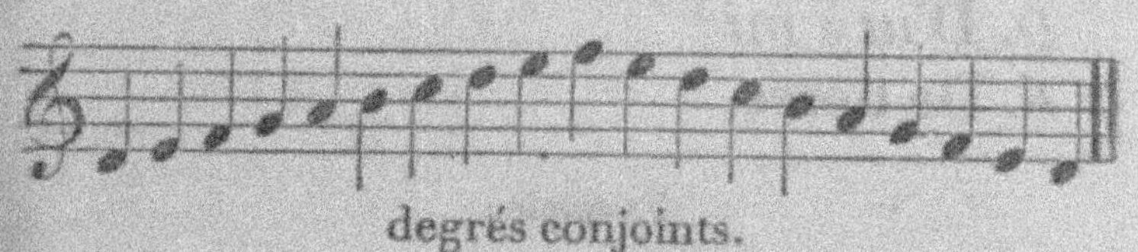

degrés conjoints.

D. Comment les dénommez-vous lorsque les notes ne se suivent pas?

R. Ce sont alors des degrés disjoints.

Exemple :

degrés disjoints.

D. Y a-t-il d'autres dénominations pour ces différentes distances?

R. On les nomme aussi intervalles.

D. Quel est l'intervalle d'*ut* à *ré?*

R. Un intervalle de seconde.

Exemple :

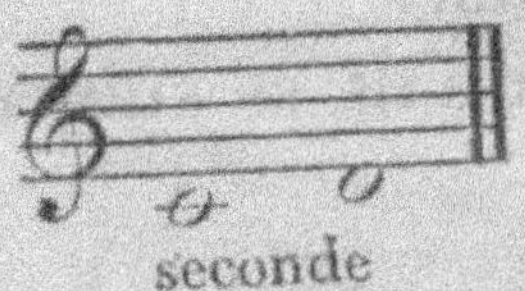

seconde

D. D'*ut* à *mi?*

R. De tierce.

Exemple :

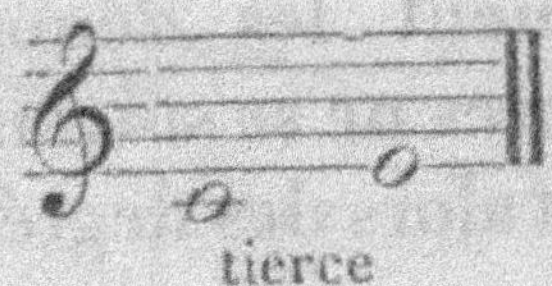

tierce

D. D'*ut* à *fa?*

R. De quarte.

Exemple :

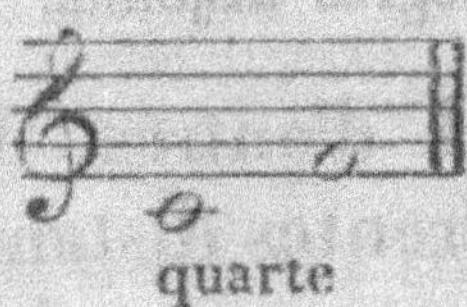

quarte

D. D'ut à *sol* ?
R. De quinte.

Exemple :

D. D'ut à *la* ?
R. De sixte.

Exemple :

D. D'ut à *si* ?
R. De septième.

Exemple :

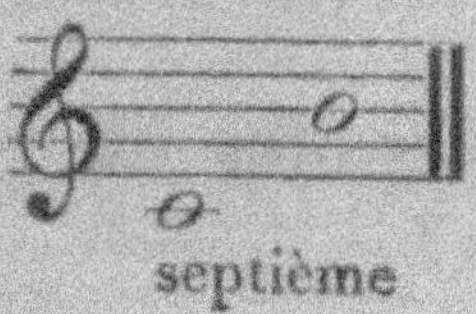

3

D. D'*ut* à *ut* ?

R. D'octave.

Exemple :

D. Comment s'appellent les autres intervalles au-dessus de l'octave ?

R. Neuvième, dixième, onzième, douzième, treizième, quatorzième etc.

Exemple :

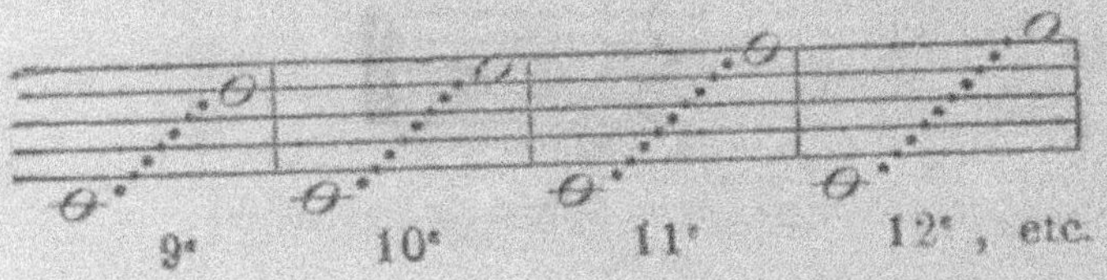

CHAPITRE XVI.

Des renversements.

D. Ces intervalles ne peuvent-ils pas être renversés ?

R. Oui.

D. Que donnent-ils par renversement?
R. La seconde donne la septième.

Exemple :

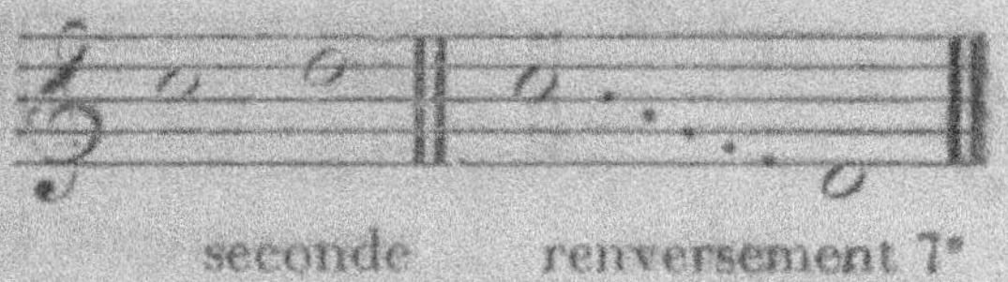

D. La tierce ?
R. La sixte.

Exemple :

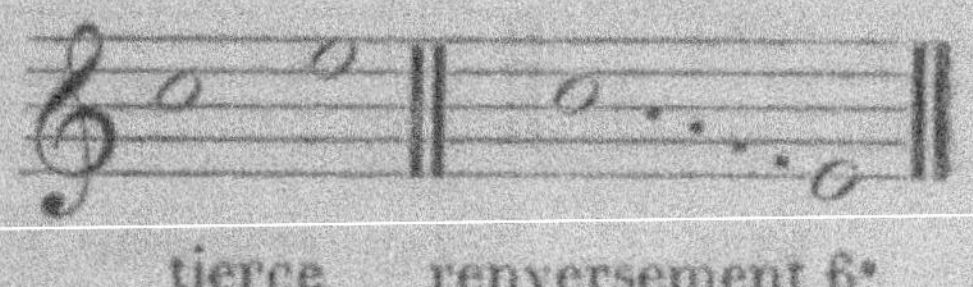

D. La quarte ?
R. La quinte.

Exemple :

D. La quinte ?
R. La quarte.

Exemple :

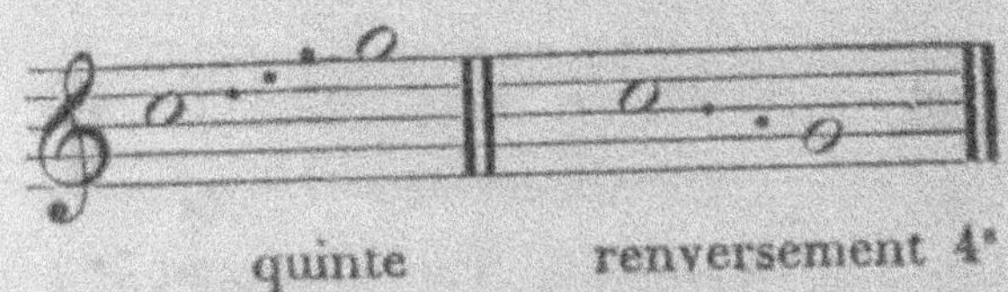

D. La sixte ?
R. La tierce.

Exemple :

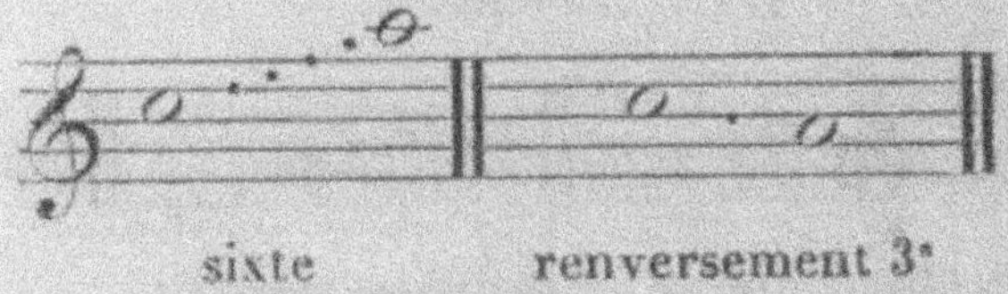

D. La septième ?
R. La seconde.

Exemple :

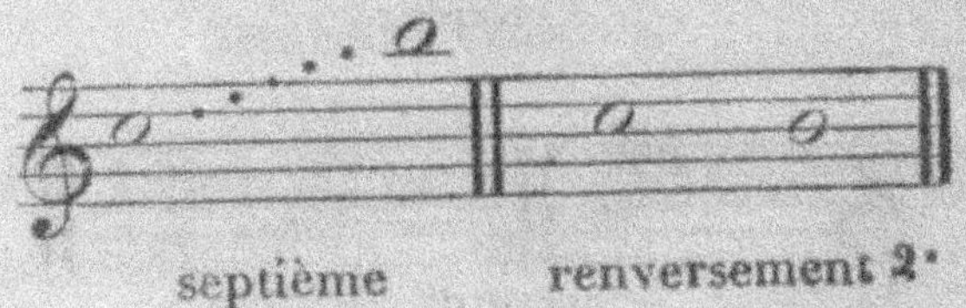

D. L'octave ?

R. L'unisson.

Exemple :

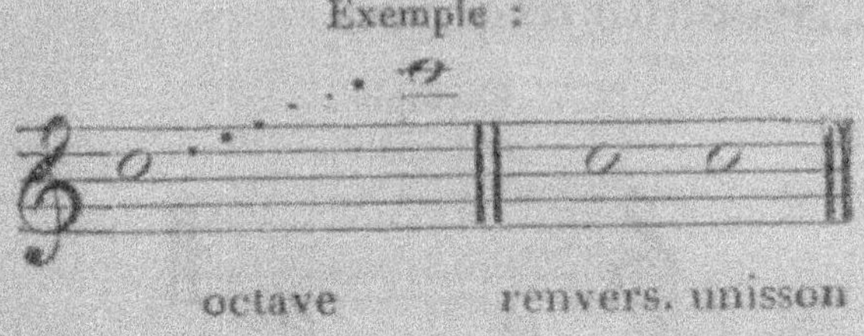

***

CHAPITRE XVII.

Des altérations.

D. Les différents intervalles dont nous venons de parler souffrent-ils des altérations?

R. On peut les diminuer ou les augmenter.

D. Comment appelez-vous la distance qu'il y a d'*ut* naturel à *ré* bémol?

R. Une seconde mineure.

Exemple :

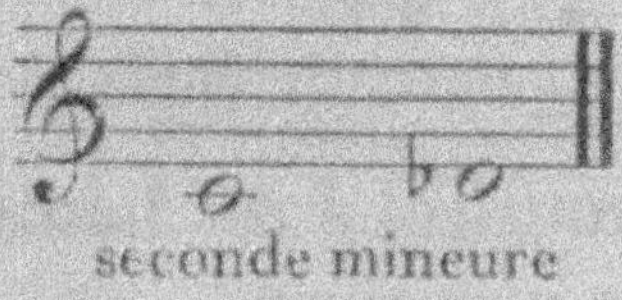

D. D'*ut* naturel à *ré* naturel?
R. Seconde majeure.

Exemple :

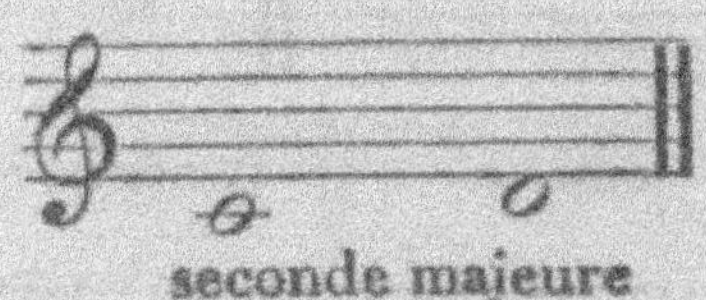

D. D'*ut* naturel à *ré* dièze?
R. Seconde augmentée.

Exemple :

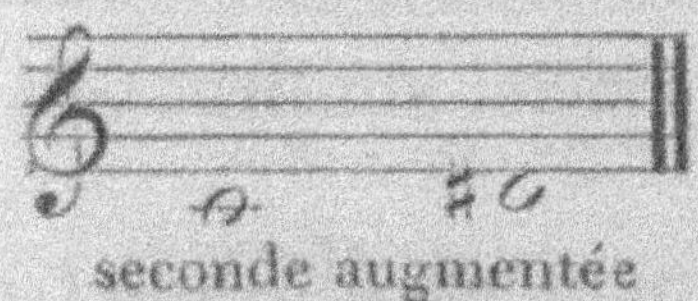

D. D'*ut* dièze à *mi* bémol ?
R. Tierce diminuée.

Exemple:

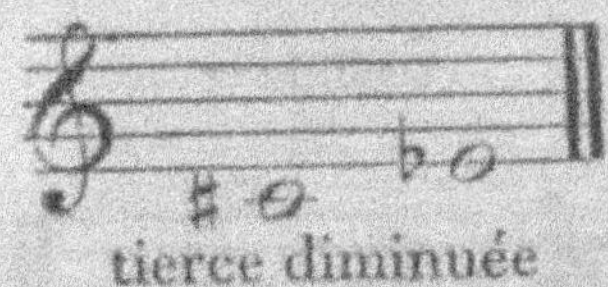

D. D'*ut* naturel à *mi* bémol ?
R. Tierce mineure.

Exemple :

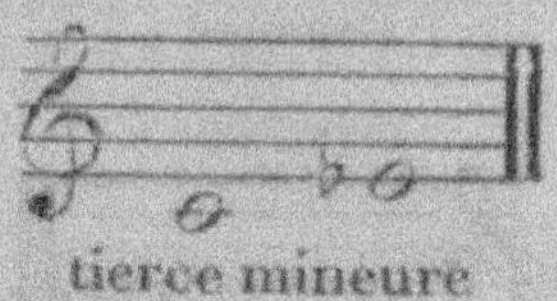

tierce mineure

D. D'*ut* naturel à *mi* naturel ?
R. Tierce majeure.

Exemple :

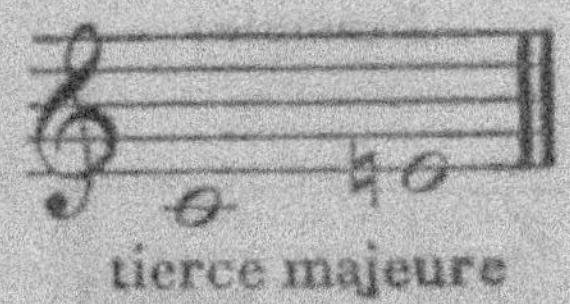

tierce majeure

D. D'*ut* dièze à *fa* ?
R. Quarte diminuée.

Exemple :

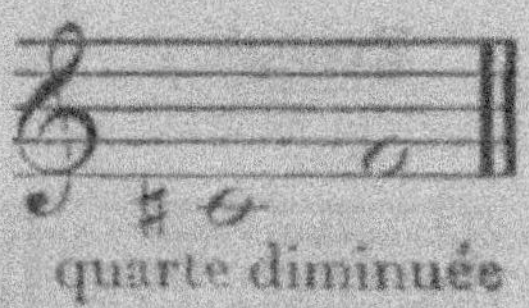

quarte diminuée

D. D'*ut* naturel à *fa* ?

R. Quarte juste.

Exemple :

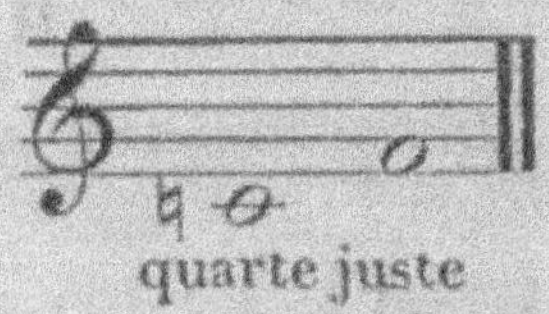

quarte juste

D. **D'*ut* naturel à *fa* dièze?**
R. Quarte augmentée.

Exemple :

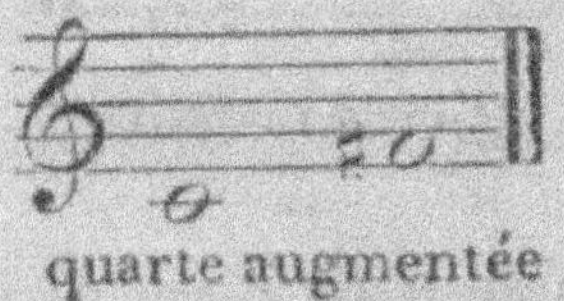

quarte augmentée

D. **D'*ut* dièze à *sol*?**
R. Quinte diminuée.

Exemple :

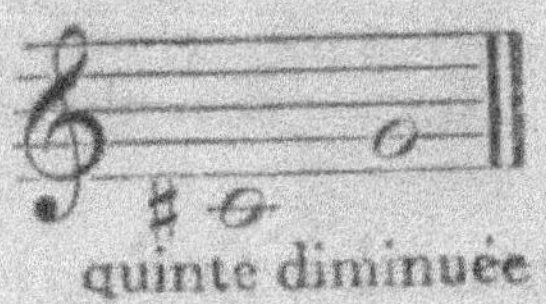

quinte diminuée

D. **D'*ut* naturel à *sol*?**
R. **Quinte juste.**

Exemple :

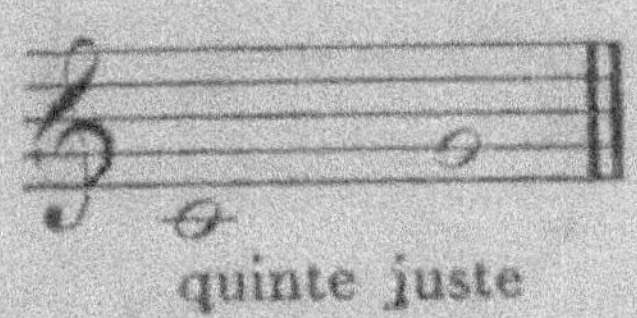

quinte juste

D. **D'*ut* naturel à *sol* dièze?**
R. **Quinte augmentée.**

Exemple :

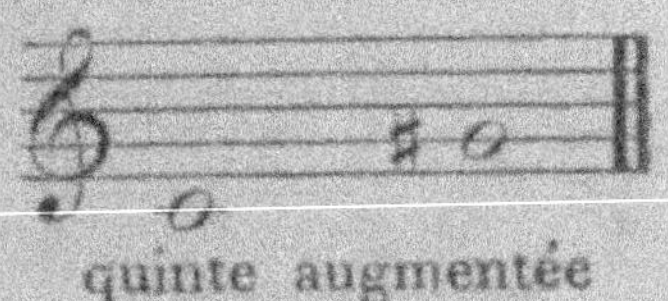

quinte augmentée

D. **D'*ut* à *la* bémol?**
R. **Sixte mineure.**

Exemple :

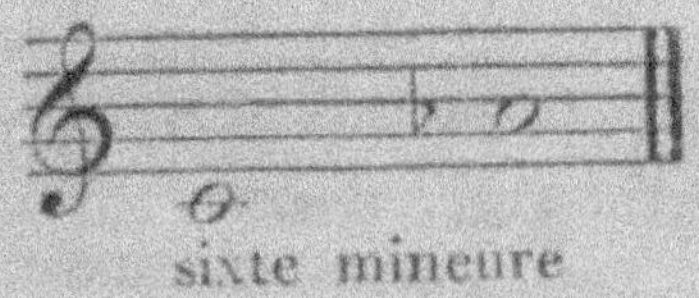

sixte mineure

3.

D. **D'*ut* à *la* naturel?**
R. **Sixte majeure.**

Exemple :

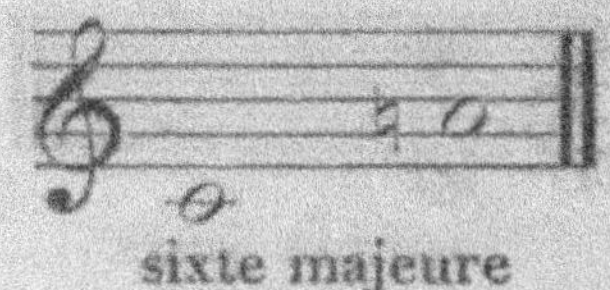

D. **D'*ut* à *la* dièze?**
R. **Sixte augmentée.**

Exemple :

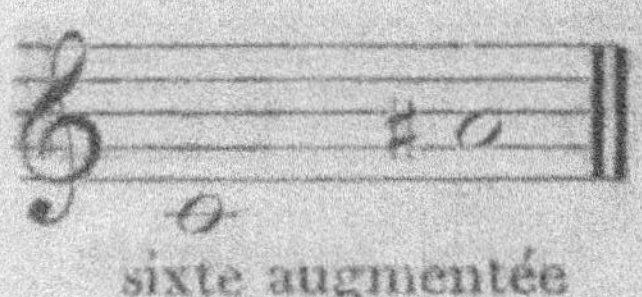

D. **D'*ut* dièze à *si* bémol?**
R. **Septième diminuée.**

Exemple :

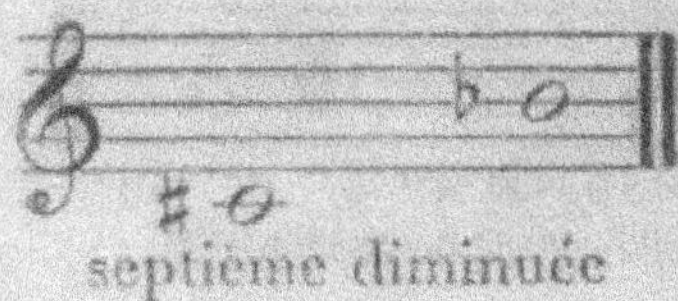

D. D'*ut* naturel à *si* bémol ?

R. Septième mineure.

Exemple :

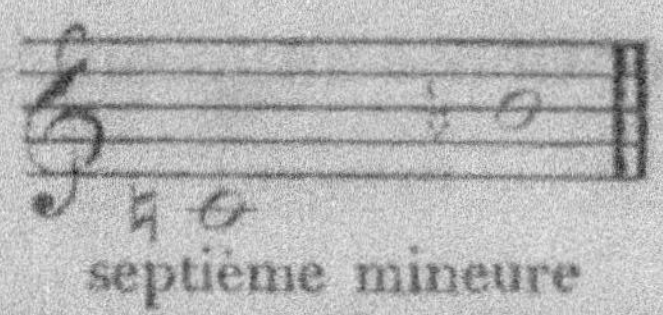

D. D'*ut* à *si* naturel ?

R. Septième majeure.

Exemple :

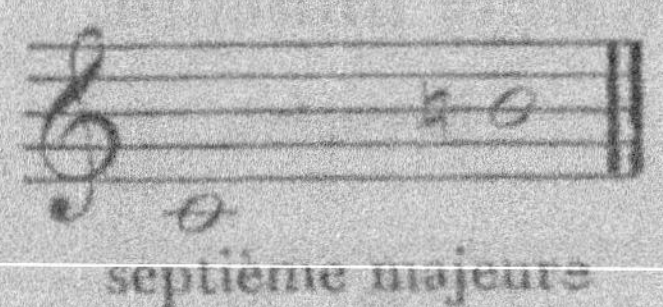

CHAPITRE XVIII.

Des renversements.

D. Les intervalles diminués ou augmentés sont-ils aussi susceptibles de renversement ?

R. Ils peuvent se renverser comme les naturels.

D. Que donne par renversement la seconde diminuée?

R. La septième augmentée.

Exemple :

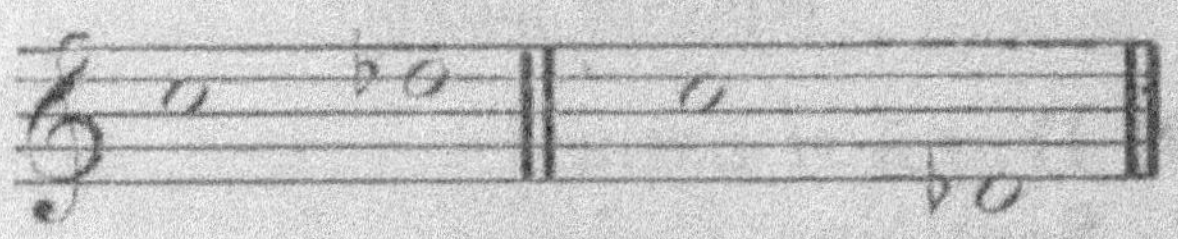

D. La seconde majeure?

R. La septième mineure.

Exemple :

D. La seconde augmentée?

R. La septième diminuée.

Exemple :

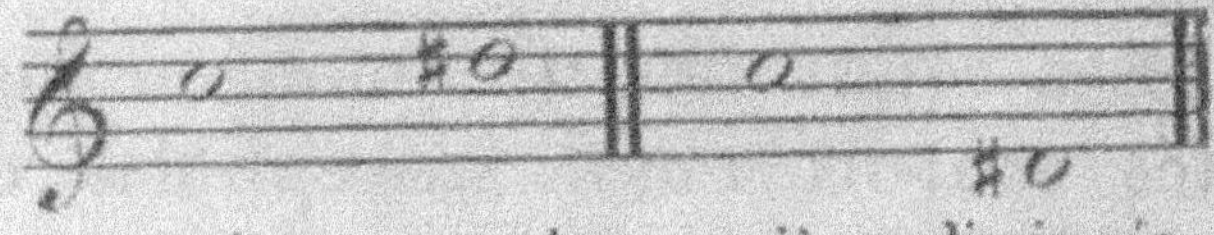

D. La tierce diminuée?
R. La sixte augmentée.

Exemple :

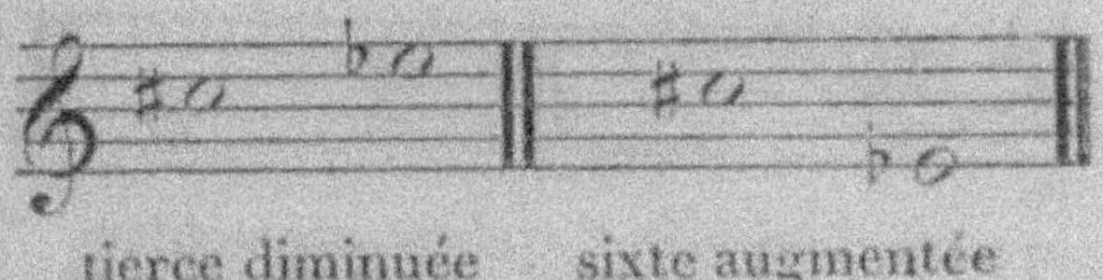

tierce diminuée   sixte augmentée

D. La tierce mineure ?
R. La sixte majeure.

Exemple :

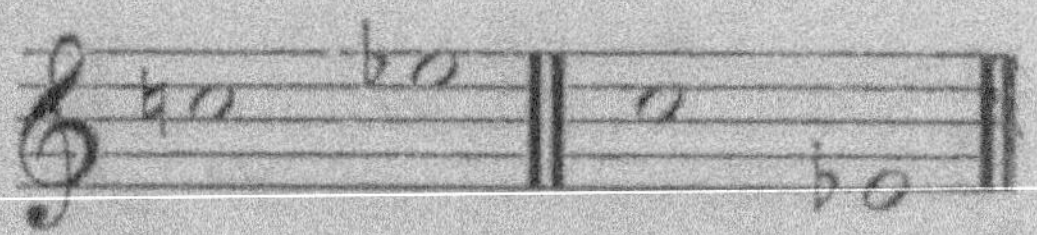

tierce mineure   sixte majeure

D. La tierce majeure?
R. La sixte mineure.

Exemple :

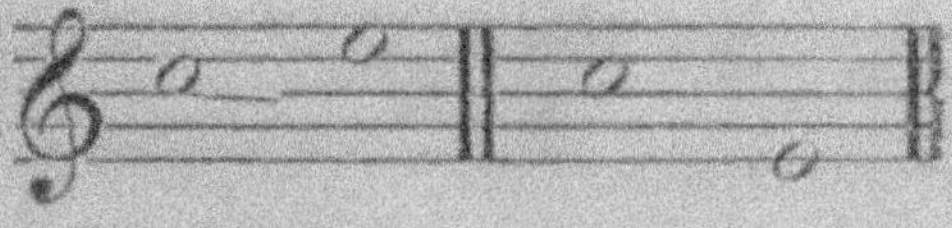

tierce majeure   sixte mineure

D. La quarte diminuée ?
R. La quinte augmentée.

Exemple :

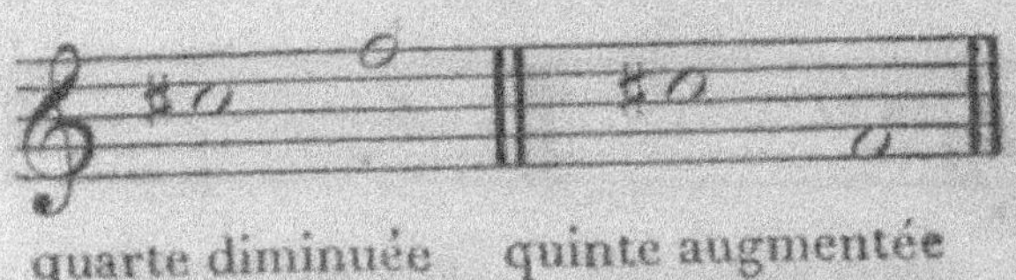

quarte diminuée   quinte augmentée

D. La quarte juste ?
R. La quinte juste.

Exemple :

quarte juste   quinte juste

D. La quarte augmentée ?
R. La quinte diminuée.

Exemple :

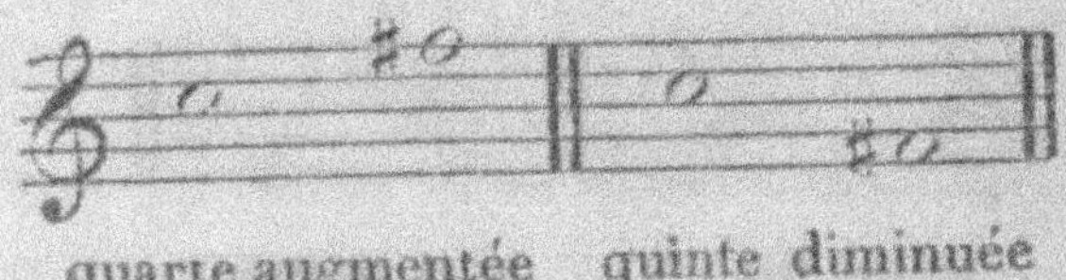

quarte augmentée   quinte diminuée

D. La quinte diminuée?
R. La quarte augmentée.

Exemple:

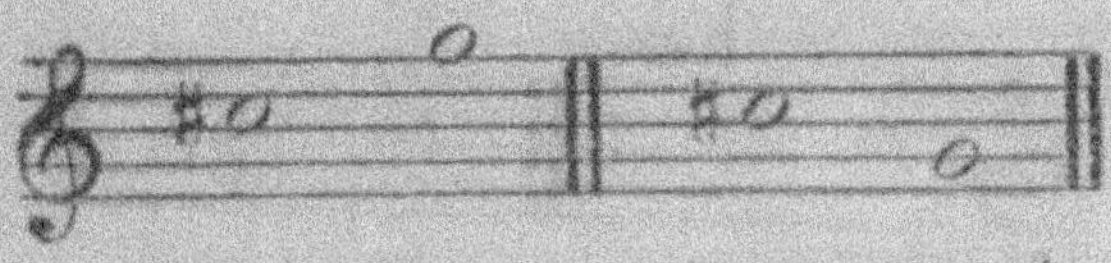

D. La quinte juste?
R. La quarte juste.

Exemple :

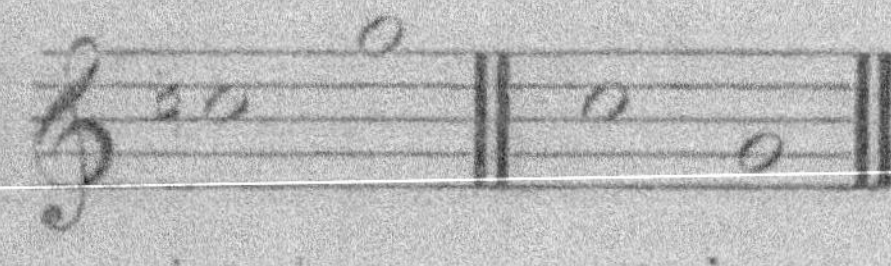

D. La quinte augmentée?
R. La quarte diminuée.

Exemple:

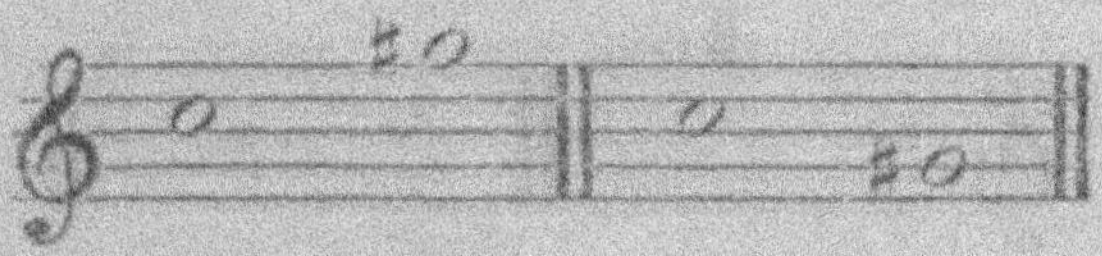

D. La sixte mineure ?

R. La tierce majeure.

Exemple :

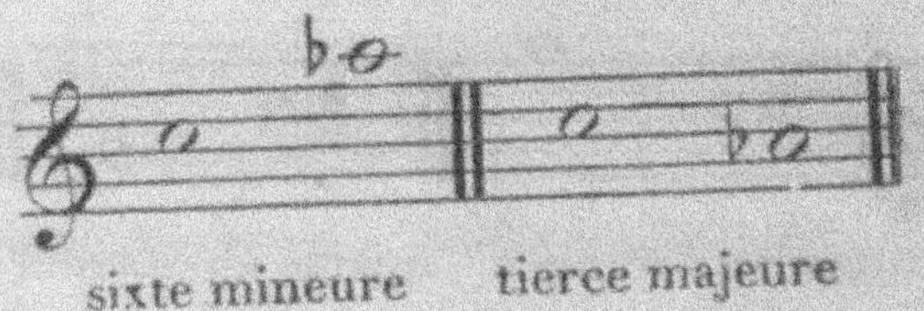

D. La sixte majeure ?

R. La tierce mineure.

Exemple :

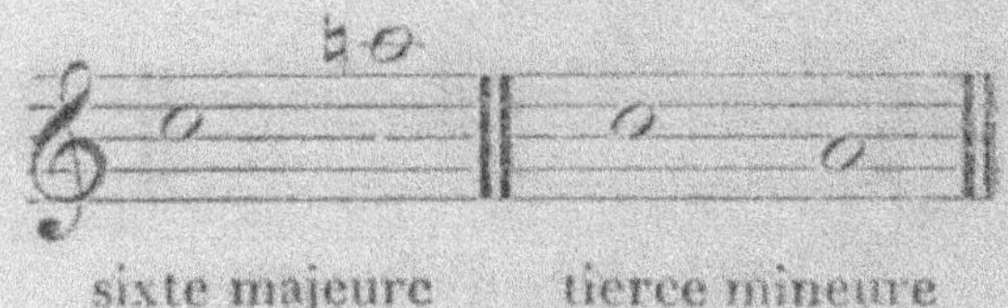

D. La sixte augmentée ?

R. La tierce diminuée.

Exemple :

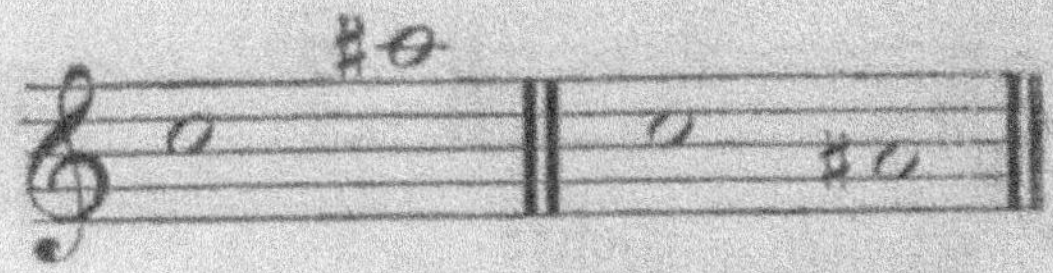

D. La septième diminuée?

R. La seconde augmentée.

Exemple :

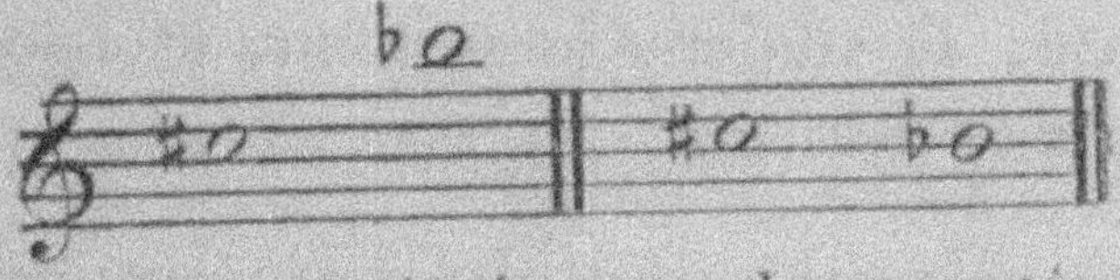

D. La septième mineure?

R. La seconde majeure.

Exemple :

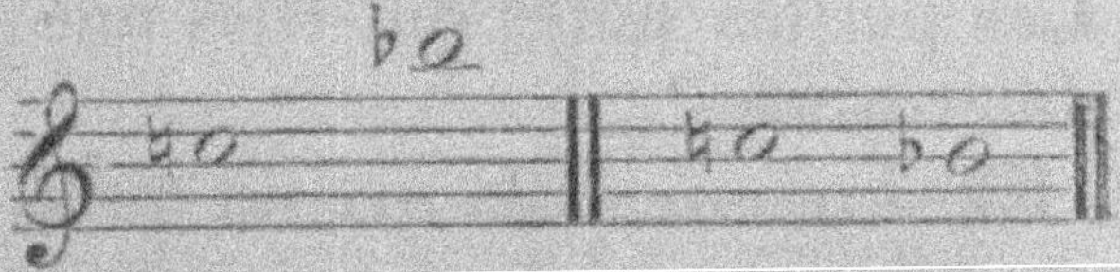

D. La septième majeure ?

R. La seconde mineure.

Exemple :

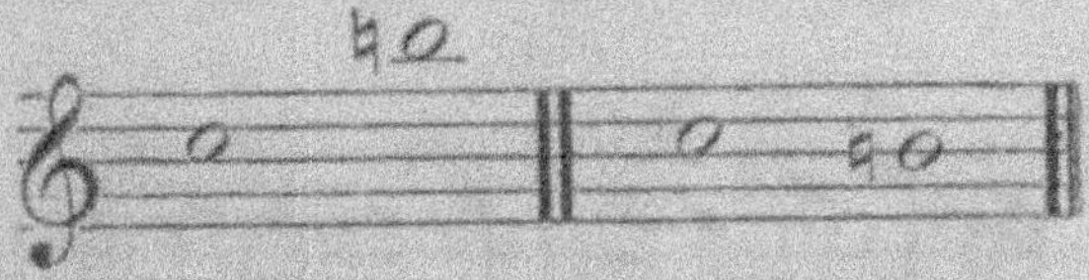

D. N'avez-vous pas fait quelques remarques dans les exemples précédents?

R. J'ai remarqué que l'intervalle diminué renversé donne l'intervalle augmenté, le majeur le mineur, et l'augmenté le diminué.

CHAPITRE XIX.

Des petites notes.

D. Les petites notes ont-elles une valeur déterminée?

R. Elles prennent la moitié de la valeur de la note qui les suit ou qui les précède.

Exemple :

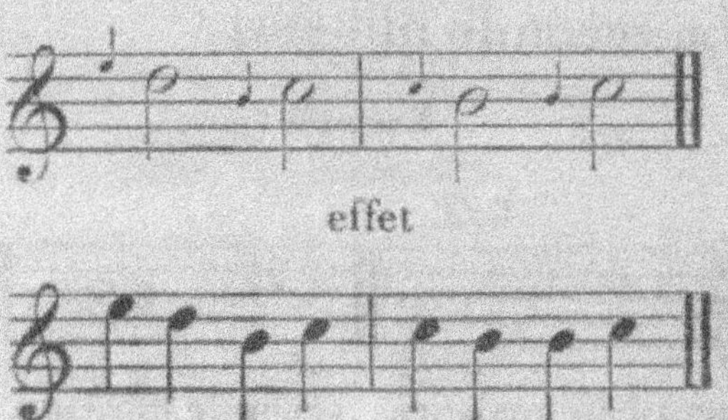

effet

D. Doit-on nommer les petites notes en solfiant?

R. On ne les nomme jamais.

D. Comment appelle-t-on plusieurs petites notes ensemble?

R. On les appelle groupe, ou *grupetto.*

D. Ces grupetto ont-ils une valeur déterminée?

R. Ils prennent le quart de la note qui les précède.

Exemple :

effet

D. Peut-on employer un signe abréviatif pour marquer ces petits grupetto?

R. On se sert aussi d'un S renversé.

Exemple:

CHAPITRE XX.

Des cadences et des trilles.

D. Qu'est-ce qu'une cadence?

R. La cadence est un agrément du chant qu'on emploie souvent pour terminer une phrase musicale.

D. Combien compte-t-on d'espèces de cadences?

R. Il y en a de trois espèces : la cadence simple, quand aucune note ne la précède ni ne la suit; la cadence préparée, quand une note la précède; la cadence interrompue, quand une ou plusieurs notes la suivent.

Cadence simple.

Exemple :

effet

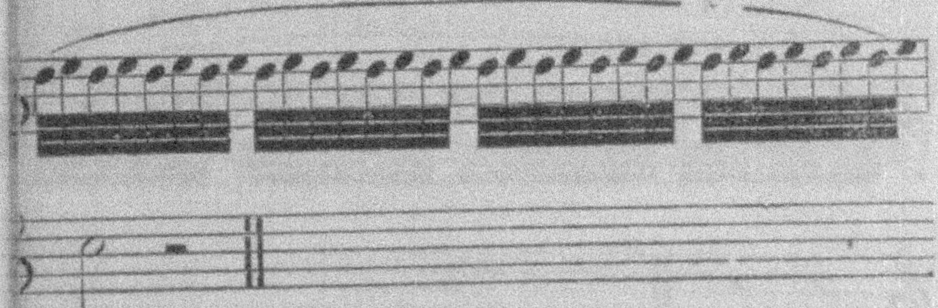

Cadence préparée

Exemple :

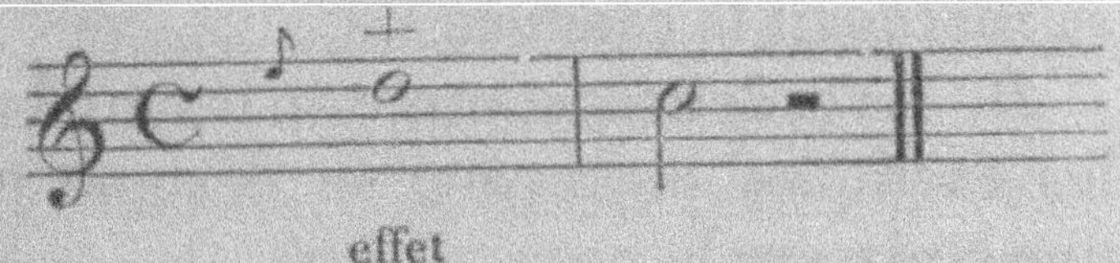

effet

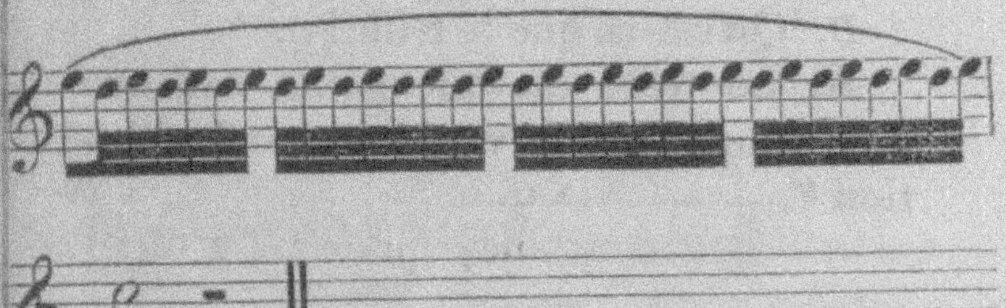

Cadence interrompue.

Exemple :

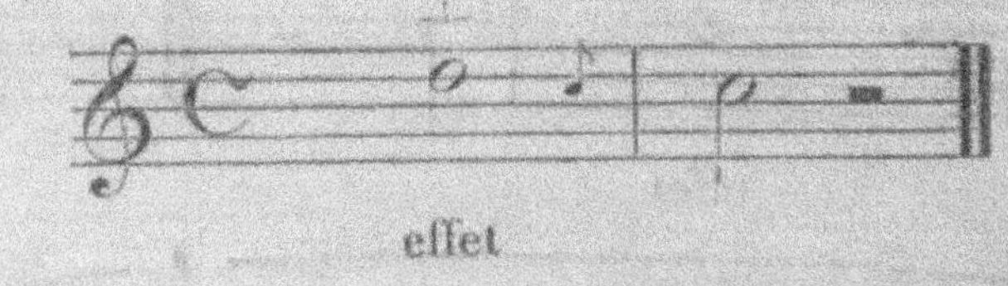

effet

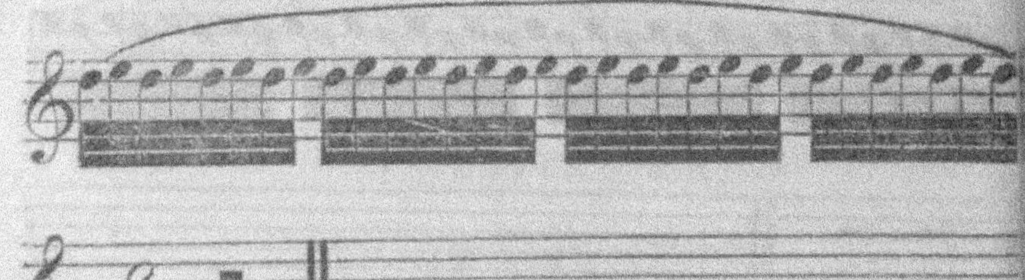

D. Vous ne m'avez point dit comment se marquait la cadence ?

R. La cadence, comme on le voit dans les exemples ci-dessus, se désigne par une croix sur la note.

D. Qu'est-ce que le trille ?

R. Le trille est une petite cadence interrompue qu'on marque par abréviation *tr*.

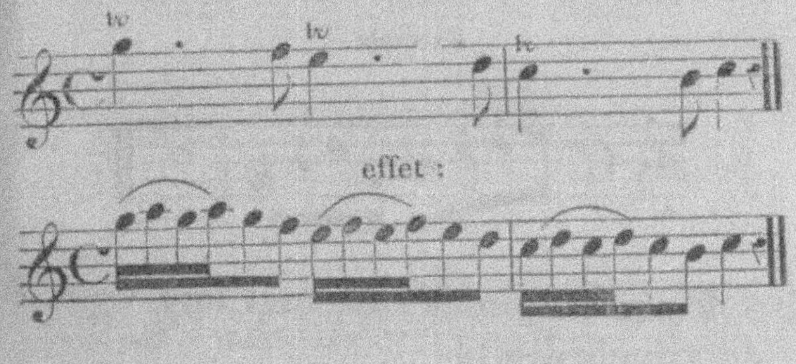

CHAPITRE XXI.

Des coulés, détachés et syncopes.

D. Quels signes emploie-t-on pour lier, détacher ou piquer les notes ?

R. Pour les lier, on les couronne par une espèce de trait concave ; voyez l'exemple suivant.

Pour les détacher on met un point sur les notes.

Exemple:

Pour les piquer on met une espèce de virgule droite.

Exemple:

D. Le coulé dont vous venez de parler ne se nomme-t-il pas aussi couronnement?

R. On l'appelle ainsi quand il forme liaison et syncope.

D. Qu'est-ce qu'une syncope?

R. C'est une ou plusieurs notes d'une valeur supérieure enfermées par deux notes d'une valeur inférieure.

Exemple :

Syncopes par le moyen du couronnement :

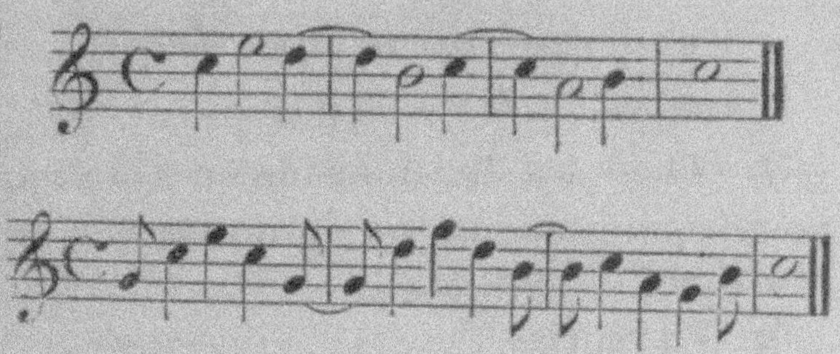

Syncopes formées par trois croches au milieu de
deux doubles :

Autre exemple :

CHAPITRE XXII.

De divers signes employés dans la musique.

D. Quel est le signe qu'on emploie pour répéter une partie d'un morceau de musique ?

R. La reprise.

D. Comment marque-t-on cette reprise ?

R. Par deux barres avec des points.

Exemple :

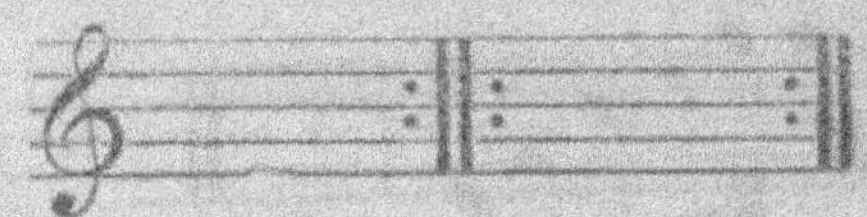

D. Par quel signe indique-t-on de revenir plusieurs fois à un motif ?

R. Par un renvoi; on reprend et on suit jusqu'à un autre renvoi, s'il s'en trouve, qui vous ramène au premier.

Exemple.

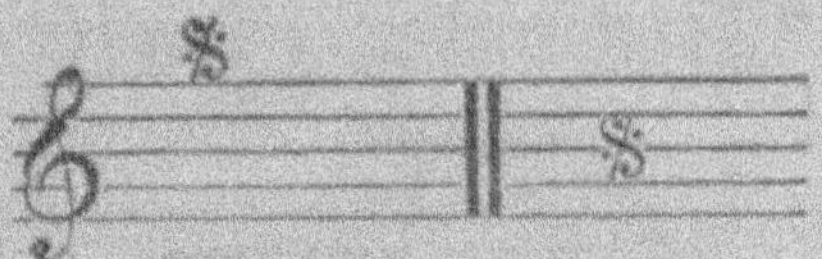

D. Qu'est-ce qu'un point d'orgue ?

R. C'est une tenue, ou un silence illi-mité.

Exemple :

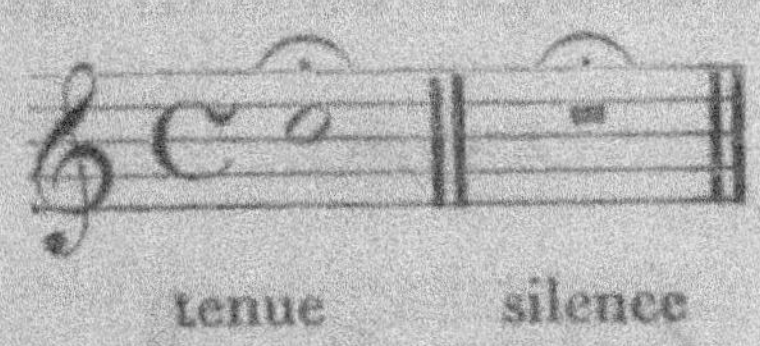

D. Comment nomme-t-on le signe qu'on met en haut de la ligne pour indi-quer la note qui doit suivre ?

R. On l'appelle guidon.

Exemple :

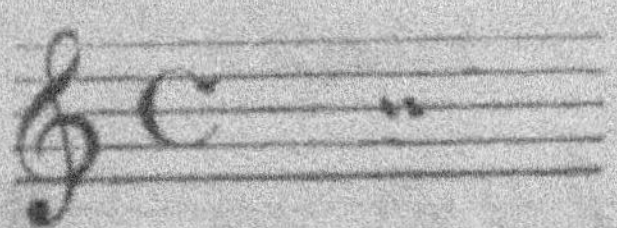

D. Quel signe emploie-t-on pour en-fler le son ?

R. Deux lignes formant une espèce d'angle aigu.

Exemple:

son enflé

D. Pour le diminuer?
R. Le même signe en sens inverse.

Exemple:

son diminué

D. Et pour filer un son ?
R. On réunit les deux signes précédents.

Exemple :

son filé

CHAPITRE XXIII.

Des dénominations des notes sur les diverses clefs.

D. Faites-moi connaître les noms des notes sur les clefs d'*ut* et de *fa* usitées ?
R. Vous les voyez dans le tableau ci-dessous.

Exemple :

Clef d'*ut*, première ligne.

Clef d'*ut*, troisième ligne.

Clef d'*ut*, quatrième ligne.

Clef de *fa*, quatrième ligne.

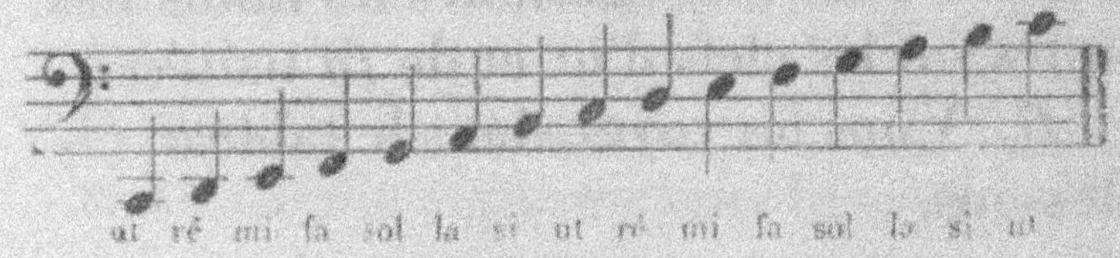

CHAPITRE XXIV.

Des termes italiens employés dans la musique.

D. Ne se sert-on pas d'expressions italiennes pour désigner les différents mouvements, les nuances et les gradations ou dégradations des sons ?

R. On emploie les termes suivants dont je vous donne aussi l'acception française :

Largo	très lentement.
Larghetto	lentement.
Adagio	un peu moins lent.
Andante	posément.
Andantino	un peu plus de mouvement.
Moderato	modérément.
Allegro	mouvement assez vif.
Allegretto	moins vif que l'allegro.
Vivace	vivement.
Presto	mouvement précipité.
Prestissimo	très vite.
Scherzando	en badinant.
Con espressione	avec expression.
Con fuoco	avec feu.
Agitato	avec agitation.
Molto	beaucoup.
Staccato	détaché.
Legato	lié.
Calando	en diminuant.
Morendo	en mourant.
Smorzando	diminuant peu à peu.
Crescendo	en croissant.
Introduzione	introduction.
Dacapo	recommencez.
Col arco	avec l'archet

Pizzicato	pincé.
Col la voce	avec la voix.
Col la parte	avec la partie chantante.
Mezzo voce	à demi-voix.
Mezzo forte	à demi-fort.
Piano	doucement.
Pianissimo	très doucement.
Forte	fort.
Fortissimo	très fort.
Sotto voce	sous la voix.
Segue	suivez.
Volti	tournez.
Subito	vite.
Lento	lentement.

FIN.

9 782329 234243